Gitarre: DIE ERSTEN 100 GITARRENÜBUNGEN FÜR ANFÄNGER

Anfängerübungen für Gitarre, die Technik verbessern & Fortschritt beschleunigen

JOSEPH ALEXADER

FUNDAMENTAL**CHANGES**

Gitarre: Die ersten 100 Gitarrenübungen für Anfänger

Anfängerübungen für Gitarre, die die Technik verbessern und die Entwicklung beschleunigen

Veröffentlicht von **www.fundamental-changes.com**

ISBN: 978-1-78933-100-4

Copyright © 2019 Joseph Alexander

Herausgegeben von Tim Pettingale

Das moralische Recht dieses Autors wurde geltend gemacht.

Alle Rechte vorbehalten. Kein Teil dieser Publikation darf ohne vorherige schriftliche Genehmigung des Herausgebers vervielfältigt, in einem Abrufsystem gespeichert oder in irgendeiner Form und mit irgendwelchen Mitteln übertragen werden.

Der Herausgeber ist nicht verantwortlich für Websites (oder deren Inhalte), die nicht dem Herausgeber gehören.

Twitter: **@guitar_joseph**

Über 10.000 Fans auf Facebook: **FundamentalChangesInGuitar**

Instagram: **FundamentalChanges**

Für über 350 kostenlose Gitarrenstunden mit Videos gehe auf

www.fundamental-changes.com

Copyright des Titelbildes: Shutterstock

Deutsche Übersetzung: Alexander Kreit

Mit besonderem Dank an Alexander Kreit für die wertvolle redaktionelle Mitarbeit.

Inhaltsverzeichnis

Einführung 5

Hol dir das Audiomaterial 8

Kapitel Eins: Die Grundlagen des Gitarrenspiels 9

Kapitel Zwei: Erste Griffbewegungen 23

Kapitel Drei: Erste Schlagbewegungen 29

Kapitel Vier: Fingerpicking 34

Kapitel Fünf: Koordination der linken / rechten Hand 43

Kapitel Sechs: Einzelne Saiten-Übungen 49

Kapitel Sieben: Mollpentatonische Skalenübungen 54

Kapitel Acht: Übungen mit Dur-Skalen 60

Kapitel Neun: Schlagtechniken 65

Kapitel Zehn: Sliden und Bending 73

Kapitel Elf: Hammer-On- und Pull-Offs 81

Fazit 88

Über Joseph Alexander

Joseph Alexander ist einer der produktivsten Autoren moderner Gitarrenunterricht-Methoden. Er hat über 500.000 Bücher verkauft, die eine Generation junger Musiker ausgebildet und inspiriert haben. Sein unkomplizierter Unterrichtsstil basiert darauf, die Grenzen zwischen Theorie und Performance aufzuheben und Musik für alle zugänglich zu machen.

Joseph wurde am Londoner Guitar Institute und Leeds College of Music ausgebildet, wo er einen Abschluss in Jazz Studies erwarb. Er hat Tausende von Studenten unterrichtet und über 40 Bücher über das Gitarrenspiel geschrieben. Er ist Geschäftsführer der *Fundamental Changes Ltd.*, einem Verlag, dessen einziger Zweck es ist, Musiklehrbücher von höchster Qualität zu erstellen und Autoren und Musikern ausgezeichnete Lizenzgebühren zu zahlen.

Wenn du einen Musiker kennst, der es verdient, veröffentlicht zu werden, lass es uns wissen!

Einführung

Ich schreibe seit sieben Jahren Gitarrenbücher, und in dieser Zeit hatte ich das Glück, fast eine halbe Million Bücher zu verkaufen. Währenddessen habe ich an meiner festen Überzeugung festgehalten, dass Bücher, die nur aus Übungen bestehen, ein klein wenig sinnlos sind.

Von den etwa zwanzig E-Mails, die ich jeden Tag von (normalerweise) zufriedenen Schülern erhalte, gibt es jedoch in der Regel zwei oder drei, die mich fragen: „Welche sind die besten Übungen für *Anfänger?*" Diese Anfragen kamen so regelmäßig, dass ich diesen nun endlich nachkommen möchte und dieses Buch für euch zusammengestellt habe. Ich schreibe es nach meinen eigenen Vorstellungen unter der Prämisse, dass so viele der Übungen wie möglich musikalisch klingen und nützlich für deine Entwicklung als Musiker sind.

In letzterem besteht oft das Problem. Eine Übung, die nur zum Selbstzweck existiert, macht keinen Sinn. Wofür soll man unmusikalisch klingende Fingerverdreher üben, die man in der Praxis nie benutzen wird?

Wenn ich mit Gitarristen zusammen bin, sehe ich sie oft die verrücktesten, kompliziertesten Übungen durchführen, die man sich vorstellen kann; oft mit viel Chromatik und in halsbrecherischer Geschwindigkeit. Oft verbringen sie Stunden damit, diese Fingerdreher zu perfektionieren, die Geschwindigkeit des Metronoms allmählich anzuheben und diese Muster tief in ihr Muskelgedächtnis einzubetten. Zugegeben, diese Übungen sehen sehr beeindruckend aus, aber das große Problem ist, dass sie sich oft nicht auf ein bestimmtes Musikstück beziehen. Sie haben Stunden damit verbracht, sich selbst zu trainieren, um ein Muster wieder aufleben zu lassen, das für sie im wirklichen Leben absolut nutzlos ist.

Warum haben sie nicht einfach diese Zeit damit verbracht, den schwierigen Part in dem Musikstück zu meistern, welches sie gerade lernten? Zumindest hätten sie dann etwas zu spielen, das nützlich, musikalisch und publikumswirksam ist.

Die meisten Übungen bringen dir nur das Spielen bei, sie entwickeln nicht unbedingt übertragbare Fähigkeiten.

Aus diesem Grund rate ich den Schülern, Übungen durchzuführen, die sich um eine musikalische Passage drehen, die sie gerade zu lernen versuchen. Wenn du ein Musikstück lernst, bevor du mit der Arbeit an Übungen beginnst, so hat dies automatisch eine übungsbegünstigende Begleiterscheinung. Wenn du festsitzt, finde oder baue eine Übung um den Teil herum, den du nicht spielen kannst, nicht umgekehrt.

Es bedarf gewisser analytischer Fähigkeiten, die erforderlich sind, um herauszufinden, woran du arbeiten solltest und genau hier kommt ein guter Lehrer ins Spiel. Er ist in der Lage, deine Schwächen schnell zu analysieren und die richtige Übung zu „verschreiben", um dir zu helfen, die Musik zu beherrschen, die du spielen willst. Deshalb ist es auch schwierig, dir eine Übung per E-Mail zu geben. Ich muss dich zuerst spielen sehen[1].

Gleichwohl geht es immer auch um balanciertes Training, daher gibt es *immer* einige Übungen, die für Anfänger und Fortgeschrittene gleichermaßen nützlich sind. Diese werden dir helfen, Rhythmus (da ist wieder dieses Wort), Fingerunabhängigkeit und Kontrolle zu entwickeln.

Dieses Buch ist für *absolute* Anfänger geschrieben, wenn du also mehr als sechs Monate gespielt hast, dann ist es wahrscheinlich nicht für dich. Wir werden uns die grundlegendsten Bewegungen ansehen, die du auf der Gitarre benutzen wirst, und dir beibringen, sie mit Überzeugung und Selbstbewusstsein zu spielen.

---

1. Ich habe hunderte von Videos in meinem Posteingang!

Beginnend mit einem Überblick zu deiner Körperhaltung, Handpositionierung und dem Lesen von Gitarrenmusik (Tabulatur) bauen wir zunächst deine linke und rechte Hand unabhängig voneinander auf, bevor wir sie gemeinsam koordinieren. Wir werden uns ansehen, wie man ein Pick (Plektrum) benutzt und wie man Fingerpicking betreibt wie ein Akustikgitarrist.

Danach werden wir uns mit der Verbesserung der Koordination zwischen der linken und rechten Hand befassen, damit jede Bewegung schön und makellos ist. Eine Fähigkeit, die du definitiv brauchst, wenn du die Eddie Van Halen-Soli in ein paar Jahren rocken wirst!

Du werden sehen, dass, wenn du Fortschritte machst und weitere Übungen über dieses Buch hinausgehend entdeckst, sie oft ziemlich *positionsgebunden* sind. Das bedeutet, dass deine Hand oft an meistens ein und derselben Stelle am Gitarrenhals verbleibt. Die besten Gitarristen machen jedoch Musik, indem sie am Hals reibungslos auf und ab gleiten. Um dich auf den richtigen Weg zu bringen, habe ich ein Kapitel über Einzelsaitenübungen aufgenommen, das dir hilft, den Gitarrenhals flüssig zu navigieren.

Es gibt zwei sehr wichtige Skalen, die jeder Gitarrist kennen sollte, denn die meiste Musik, die du spielen wirst, entsteht aus ihnen. Dies sind die Moll-Pentatonik und die Dur-Skala. Nicht nur, dass du wissen musst, wie man diese beiden essentiellen Modi spielt, du musst lernen, sie in melodische Ideen zu zerlegen, die du in Soli verwenden kannst. In den Kapiteln Sieben und Acht werde ich diese beiden Skalen ansprechen und zeige dir viele Übungen, die nicht nur deine Flüssigkeit und Koordination verbessern, sondern auch deine Ohren und Improvisationsfähigkeiten.

In Kapitel Neun kehren wir zu einer der grundlegendsten Fähigkeiten im Gitarrenspiel zurück: dem rhythmischen Anschlagen („Strumming") von Akkorden. Ob du es glaubst oder nicht, fast jeder gezupfte Rhythmus kann in einfache Einheiten zerlegt werden. Sobald du verstehst, wie sie funktionieren und das Muskelgedächtnis entwickelst, um sie anzuwenden, wirst du immer wissen, wie man jeden Rhythmus auf der Gitarre spielt. Dies ist eine der wichtigsten Fähigkeiten, die du als Gitarrist entwickeln kannst, und wir werden sehr ins Detail gehen, damit du künftig jeden Rhythmusgitarrenpart spielen kannst, der dir über den Weg läuft.

Die Gitarre ist ein einzigartig ausdrucksstarkes Instrument und ein großer Teil ihrer Stimme kommt von der Art und Weise, wie man eine musikalische Phrase oder einen *Lick artikuliert*. Die letzten beiden Kapitel dieses Buches erforschen die vier Techniken, die deine Musik wirklich lyrisch klingend machen: Slides, Saitenziehen (Bending), Hammer-Ons und Pull-Offs. Jede dieser Techniken verleiht deiner Musik einen anderen Charakter und hilft dir, deinen eigenen einzigartigen Sound zu kreieren. In den Kapiteln zehn und elf entdeckst die Übungen, die dich auf den Weg bringen, ein flüssig spielender und ausdrucksstarker Gitarrist zu werden.

Wie man dieses Buch nicht benutzt

Wahrscheinlich wäre es das Schlimmste, wenn du dieses Buch am Stück nacheinander, ein Kapitel nach dem anderen, durcharbeiten würdest. Während ich versucht habe, das Layout dieses Buches so übersichtlich wie möglich zu halten, ist es gleichwohl so gestaltet, dass man jederzeit und an jeder Stelle darin hinein- und wieder herausspringen kann, wenn man auf eine neue Technik in seinem Spiel trifft. Die Beispiele in diesem Buch sind so konzipiert, dass sie in *Verbindung* mit deiner aktuellen Praxis gespielt werden können, und es ist wichtiger, dass du Zeit damit verbringst, Lieder zu lernen und mit anderen Leuten zu spielen, als deinen Kopf in ein Technikbuch zu stecken.

Stattdessen schlage ich vor, dass du dich an deine normale Übungsroutine hältst (siehe Abschnitt "Wie man gesund übt" weiter unten im ersten Kapitel) und die Übungen in diesem Buch in das einbeziehst, was du zum Spaß lernst. Wenn du beispielsweise deine ersten Akkorde lernst, solltest du in die Kapitel drei, vier und neun eintauchen. Wenn du ein Solo lernst und deine Koordination aufbauen musst, dann solltest du vielleicht die Kapitel fünf, zehn und elf erkunden. Wenn du anfängst, deine ersten Skalen zu erforschen, dann sind die Kapitel sieben und acht von Interesse.

Am besten wäre, du gehst einmal durch die Kapiteltitel im Index, schaust nach, was dir gefällt, und baust dann diese Übungen in deine normale Übungsroutine ein. Wenn du 30 Minuten am Tag übst, versuche nicht mehr als 5-10 Minuten für die Übungen in diesem Buch zu verwenden.

Dieses Buch wurde für Anfänger entwickelt, um ihre Finger zu stärken, ihre Koordination aufzubauen, ihr Skalenwissen zu erweitern und die grundlegendsten Techniken des Gitarrenspiels kennenzulernen. All dies sollte im Rahmen des Lernens von echter Musik geschehen.

Wenn du nach der meistverkauften Gitarrenmethode suchst, die dir alle Akkorde beibringt und eine solide Grundlage für deine Praxis und Entwicklung als Gitarrist bietet, empfehle ich dir, dieses Buch in Verbindung mit meinem Buch **Die ersten 100 Akkorde für die Gitarre** zu verwenden.

Hol dir das Audiomaterial

Die Audiodateien zu diesem Buch stehen unter **www.fundamental-changes.com** zum kostenlosen Download zur Verfügung. Der Link befindet sich oben rechts in der Ecke. Wähle einfach diesen Buchtitel aus dem Dropdown-Menü aus und folge den Anweisungen, um das Audiomaterial zu erhalten.

Wir empfehlen dir, die Dateien direkt auf deinen Computer herunterzuladen, nicht auf dein Tablet, und sie dort zu extrahieren, bevor du sie zu deiner Medienbibliothek hinzufügst. Du kannst sie dann auf dein Tablet bzw. iPod laden oder auf CD brennen. Auf der Download-Seite gibt es ein Hilfe-PDF und wir bieten auch technischen Support über das Kontaktformular an.

www.fundamental-changes.com

Über 11.000 Fans auf Facebook: **FundamentalChangesInGuitar**

Werde auf Instagram präsentiert: @FundamentalChanges

Über 350 kostenlose Gitarrenstunden mit Videos findest du auf:

www.fundamental-changes.com

Kapitel Eins: Die Grundlagen des Gitarrenspiels

Wie man die Gitarre hält

Die wichtigste und am meisten vergessene Sache, die ich meinen Schülern in der ersten Stunde beibringe, ist, dass die Gitarre ausbalanciert sein sollte. Das ist das immer so, egal ob du eine Akustik- oder E-Gitarre spielst.

E-Gitarren haben einen natürlichen Vorteil gegenüber Akustikgitarren, da sie so konzipiert sind, dass sie auf dem *rechten* Knie balancieren, wodurch das Griffbrett viel näher an der linken Hand liegt. (Wenn du eine Linkshänder-Gitarre spielst, gilt diese Prämisse genau umgekehrt.)

Hier siehst du, wie ich die Gitarre auf meinem Knie balanciere. Obwohl ich sie mit meinen Armen berühre, benutze ich keine Kraft in meiner Greifhand, um den Hals zu stützen. Wenn ich meine Arme von der Gitarre wegnehmen würde, würde sie ausbalanciert bleiben. Das fühlt sich anfangs etwas instabil an, als würde sie runterfallen, aber das wird sie nicht. Wenn du deinen Schlagarm auf die Gitarre legst, wird das etwas Unterstützung geben, aber das Wichtigste ist, dass du *nichts* von dem Gewicht der Gitarre in die Griffhand (normalerweise die linke Hand) legst.

Wenn du dies tust, dann schränkst du den Bewegungsumfang deiner Greifhand auf den Bünden ein.

Akustische Gitarren funktionieren nach dem gleichen Prinzip, sind aber von Natur aus nicht im Gleichgewicht – du musst das Gewicht der Gitarre unterstützen, indem du deinen Bizeps auf die Oberseite des Gitarrenkörpers legst.

Nochmals: wenn du deine Greifhand von der Gitarre entfernst, sollte sich das Instrument eigentlich gar nicht bewegen.

Bezeichnung der Finger

Wenn wir über das Gitarrenspiel sprechen, ist es wichtig, dass wir uns darüber im Klaren sind, welche Finger wir benutzen sollen.

Die Finger an der Greifhand (die linke Hand, wenn du Rechtshänder bist) erhalten die Ziffern 1, 2, 3 und 4. Dein Zeigefinger ist Finger eins, dein Mittelfinger ist Finger zwei, und so weiter. Der Daumen wird selten verwendet, um eine Note zu greifen, da er normalerweise auf der Rückseite des Halses platziert wird, aber falls doch, wird er als T bezeichnet.

Auf deiner Schlaghand, (deine rechte Hand, wenn du rechtshändig bist), werden die Finger nach ihren spanischen Namen benannt. Diese werden immer mit P, I, M und A abgekürzt. Der kleine Finger wird so selten benutzt, dass du ihn wahrscheinlich nie geschrieben sehen wirst, es sei denn, du willst Flamenco-Gitarren-Profi werden, aber der Vollständigkeit halber sei hier angemerkt, dass ihm der Buchstabe C gegeben wird.

Der Daumen ist P (pulgar), der Zeigefinger ist I (indice), der Mittelfinger ist M (medio), und der Ringfinger ist A (anular).

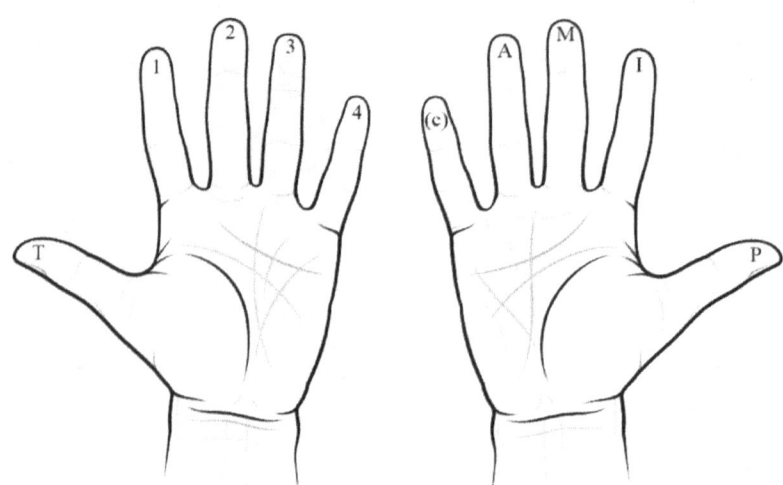

Ich werde dir erklären, wann es wichtig ist, welche Finger zu benutzen. Die Zahlen dazu stehen auf der Notation über der Tabulatur.

Lesen von Gitarren-Tabulatur

Die Grundlagen des Lesens von „Tabs" sind sehr einfach. Das Tabulatursystem enthält sechs Linien und jede Linie repräsentiert eine Saite der Gitarre.

Der einfachste Weg, um sich zu merken, welche Linie welche Saite repräsentiert, ist, sich die Tonhöhe zu vergegenwärtigen: Die tonal tiefste (Bass-)Saite der Gitarre ist auch die am niedrigsten positionierte Linie in den Tabs. Wenn du das Buch flach auf einen Tisch legst, ist die Linie, die dir am nächsten ist auch die gleichzeitig die Saite, die deinem Gesicht am nächsten ist.

Die am höchsten gestimmte Saite der Gitarre (High E) ist mithin auch die höchste Linie auf dem Tab. Auf dem Papier ist es die am weitesten von dir entfernte Linie und auch die am weitesten von deinem Gesicht entfernte Saite auf der Gitarre.

So kannst du leicht erkennen, wie sich die Linien der Tabs auf die Saiten der Gitarre beziehen. Häufig siehst du im Gitarren-Tab die Notennamen der Saiten, die dann links neben die Tabulatur geschrieben sind, und das Wort TAB, das auf den Saiten selbst geschrieben ist.

Eine weitere praktische Möglichkeit, sich zu merken, welche Saite welche ist, ist, sich das Wort TAB anzusehen und sich einzuprägen, dass das B (für Bass) auf der untersten Zeile und das T (für „Treble", das englische Wort für „Höhen") auf der obersten Zeile steht.

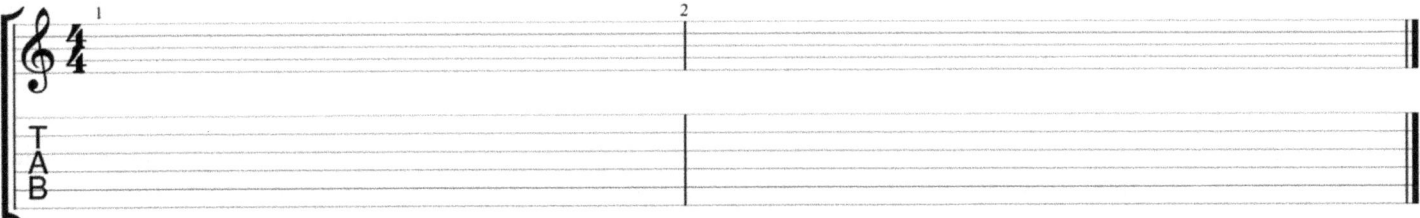

Wie bei der Standardnotation und geschriebenem Deutsch lesen wir Musik von links nach rechts.

Um anzugeben, dass ein bestimmter Bund auf einer bestimmten Saite gespielt werden soll, schreiben wir einfach die gewünschte Bundnummer auf die entsprechende Zeile.

Beispiel 1a sagt dir, dass du

den 3. Bund auf der tiefsten (sechsten) Saite spielen sollst.

den 5. Bund auf der höchsten (ersten) Saite spielen sollst.

den 2. Bund auf der zweiten (B)-Saite spielen sollst.

den 7. Bund auf der vierten (D) Saite spielen sollst.

Spiele das folgende Beispiel durch und höre dir den Audiotrack an, um zu überprüfen, ob du es richtig machst.

Beispiel 1a

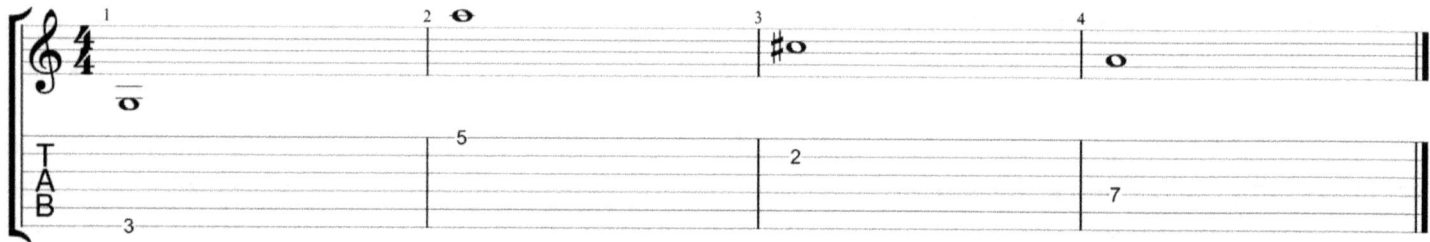

Um anzugeben, dass eine Saite ohne gegriffene Note *offen* gespielt werden soll, schreiben wir einfach eine 0 auf die gewünschte Saite.

Beispiel 1b

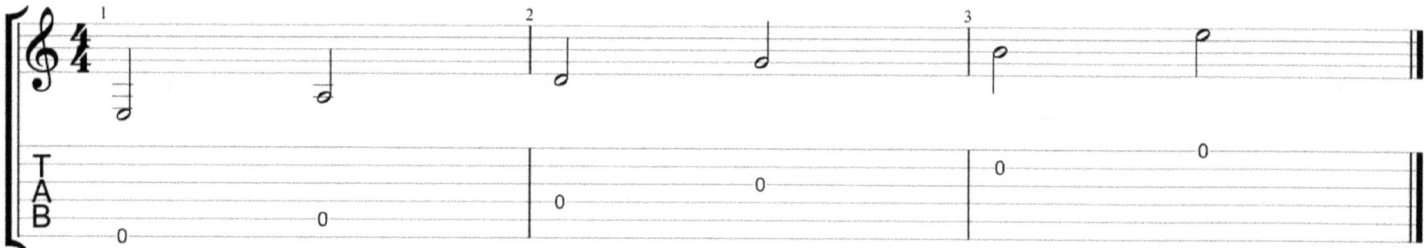

Wenn wir zwei oder mehr Noten auf einmal spielen müssen, werden die Bundnummern vertikal übereinander geschrieben. Denke daran, dass wir von links nach rechts lesen, so dass vertikal geschriebene Noten gleichzeitig gespielt werden. Zupfe oder spiele das folgende Beispiel.

Beispiel 1c

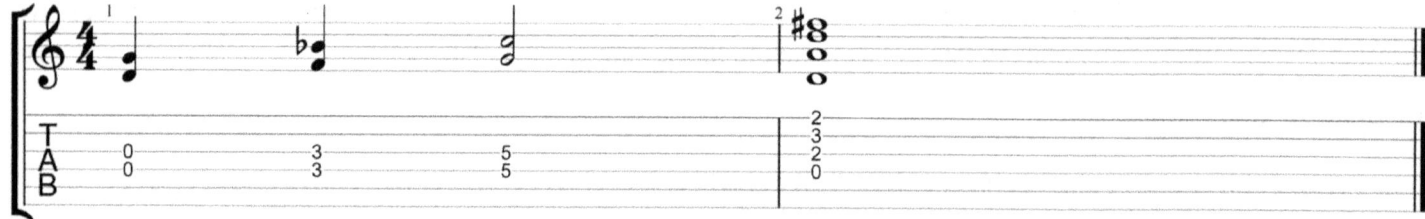

Im vorherigen Beispiel hast du vielleicht den Schlussakkord D-Dur erkannt. Normalerweise, wenn ein kompletter Akkord in der Tabulatur notiert wird, fügen wir ein Akkordsymbol mit Griffschema darüber hinzu, um die Musik besser lesbar zu machen.

Beispiel 1d

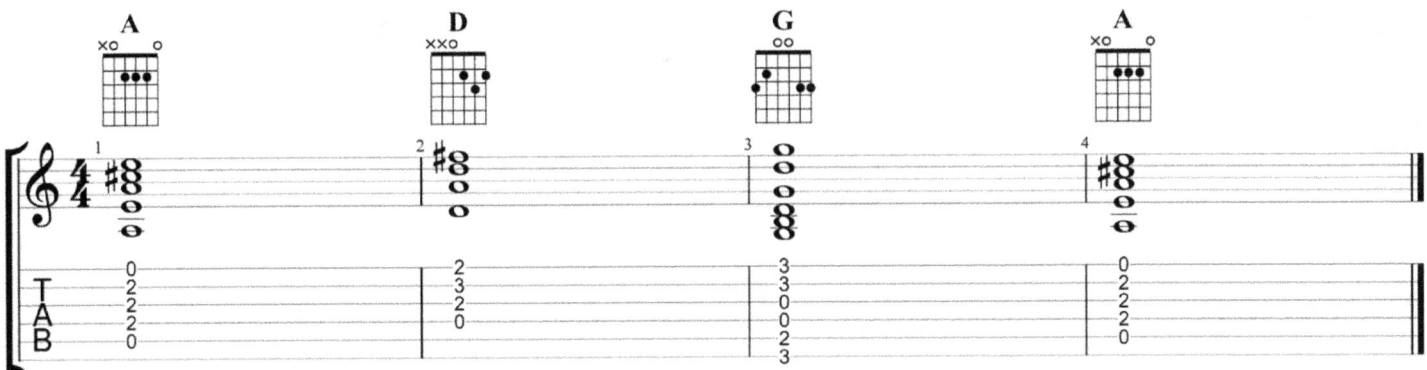

Um dies ein wenig zu üben, spiele die folgende Melodie auf deiner Gitarre.

Beispiel 1e

Es ist möglich, eine Note auf der Gitarre zu spielen, die überhaupt keinen Klang hat. Dies wird als „Mute Note" (stumme Note), manchmal auch „Dead Note" oder „Ghost Note" bezeichnet und wird normalerweise auf eine von zwei Arten durchgeführt.

Der erste Weg ist, die Greifhand nur sanft auf die Saite zu legen, ohne dass du die Saite bis zum Griffbrett durchdrückst.

Der zweite Weg ist, die Saite abzudämpfen, während du sie mit deiner Griffhand spielst.

Wenn du eine Mute Note spielst, sollte sie „tot" und perkussiv klingen. Sie sollte definitiv nicht nachklingen.

Man kann sowohl einzelne Noten als auch ganze Akkorde abdämpfen.

Unbeschadet der Spieltechnik wird eine Mute Note immer durch ein X auf der Saite anstelle einer Zahl angezeigt.

Beispiel 1f

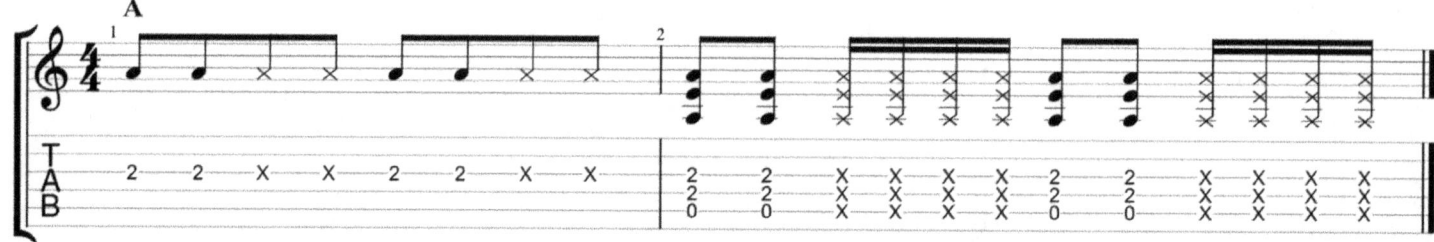

Rhythmus lesen

Einige Leute sind der Meinung, dass die Art und Weise, wie Gitarren-Tabs Rhythmen darstellen, ein wenig fehl geht. Ich bin komplett anderer Meinung. Tatsächlich ist der Tab in Kombination mit traditioneller Musiknotation eine fantastische Möglichkeit, sowohl zu zeigen, wann eine Note gespielt werden soll als auch wie lange sie aushält.

Rhythmisch gesehen ist der am schwierigsten zu lesende Tab der, den du vielleicht online an Orten wie www.ultimate-guitar.com. findest. Mit diesen Tabs im „ASCII"-Stil wird der Rhythmus dadurch angezeigt, wie die Noten auf der Linie verteilt sind. Es wird keine tatsächliche Rhythmusnotation angegeben.

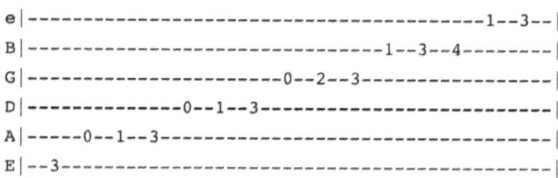

Auch wenn diese Notation *halbwegs* funktioniert, wenn der Rhythmus geradlinig ist, kann etwas Komplexeres als einfache 1/8- oder 1/16-Noten hier nur schwer zu entschlüsseln sein.

Eine weitere Entwicklung der Tabulatoren kombiniert die Rhythmusnotation mit der Tabulatur in einer Notenlinie. Rhythmuswerte werden über der Tabulatorlinie hinzugefügt, und solange du verstehst, wie Rhythmen auf der Gitarre geschrieben werden, weißt du, wann du jede Note spielen musst.

Dir könnte so etwas wie das folgende Beispiel über den Weg laufen. Keine Sorge! Du musst das jetzt nicht spielen!

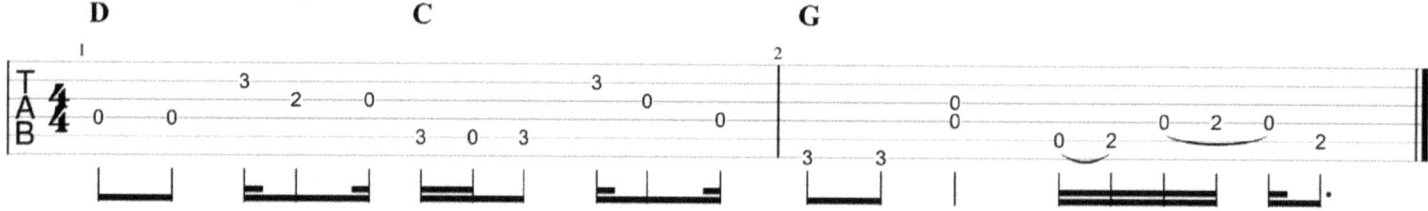

Lass uns einen kurzen Blick darauf werfen, wie man Rhythmusnotation liest, damit du gut vorbereitet bist, wenn du so etwas in der „freien Wildbahn" siehst.

In der geschriebenen Musik wird der Rhythmus in *Takte* zerlegt, die *Schläge* enthalten.

Takte sind Container, die normalerweise vier Schläge enthalten. Jeder Schlag wird in Rhythmen unterteilt, die nach der Art und Weise benannt sind, wie sie einen Standardtakt von vier Schlägen aufteilen.

Durch spezielle Markierungen wird dir mitgeteilt, wie lange eine Note halten soll.

Zum Beispiel,

- Eine ganze Note füllt einen ganzen Takt aus.
- Eine 1/2 Note füllt die Hälfte des Taktes (es gibt zwei Halbtöne in einem Takt).
- Es gibt vier 1/4 Noten in einem Takt.
- Es gibt acht 1/8 Noten in einem Takt.
- Es gibt sechzehn 1/16 Noten in einem Takt.

Diese Noten sind wie folgt geschrieben:

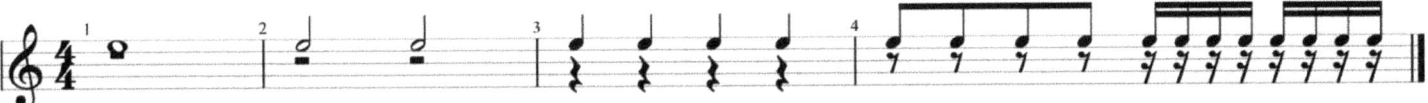

Unterhalb jeder Note habe ich den entsprechenden *Pausenwert* angezeigt. Eine Pause dauert genauso lange wie eine Note, die einen Ton hat, zeigt aber an, dass es für die zugeteilte Zeit Stille geben sollte.

Beachte, dass 1/8tel und 1/16tel Noten *Striche* haben, die sie miteinander verbinden. 1/8tel Noten haben einen Strich und 1/16tel Noten haben zwei Striche. Jedes Mal, wenn du einen Strich hinzufügst, wird die Länge jeder Note halbiert, so dass eine 1/32tel Note drei Striche haben würde.

Jedes Musikstück beginnt mit einer Taktart, die dir sagt, wie viele Schläge es in einem Takt gibt. Die gebräuchlichste Taktart in der Musik ist 4/4, was dir sagt, dass es in jedem Takt vier 1/4tel Noten gibt. (Wir werden uns alsbald die rhythmischen Werte ansehen).

Weitere gebräuchliche Taktarten sind 3/4 (drei 1/4tel-Noten-Schläge in einem Takt) und 12/8 (zwölf 1/8tel-Noten in einem Takt, angeordnet 1 2 3 1 2 3 1 2 3 1 2 3). 12/8 ist die Taktart der meisten Blues-Tunes.

In Großbritannien gibt es ein anderes System zur Benennung von Notenlängen:

Eine ganze Note = eine Semibreve

Eine 1/2 Note = eine Minim

Eine 1/4 Note = eine Crotchet

Eine 1/8 Note = eine Quaver

Eine 1/16. Note = eine Semiquaver

Dies mag für den Rest der Welt seltsam erscheinen, aber dieses System hat einen großen Vorteil gegenüber dem internationalen System: Die metrischen Notennamen des internationalen Systems basieren alle auf der Annahme, dass es in jedem Takt vier Schläge gibt.

Allerdings wird Musik nicht immer im 4/4-Takt (vier Schläge pro Takt) geschrieben - man kann einen 3/4-Takt, 6/8-Takt oder sogar 17/16-Takt haben. Nur in einem 4/4-Takt sind vier 1/4 Noten im Takt.

Das internationale System funktioniert jedoch sehr gut, wenn wir solchen Pedantismus außen vor lassen. Es ist modern, logisch, leichter zu merken und beinhaltet kein Lernen malerischer englischer Wörter!

Wenn 1/8-Töne und 1/16-Töne kombiniert werden, verbinden wir die „Schwänzchen" ihrer Noten miteinander. Spiele oder klatsche zu den folgenden Rhythmen. Sie sind auf den Audiospuren, also hör zu, während du spielst.

Beispiel 1g

Noten-Gruppierungen

1/8- und 1/16-Noten können in jeder mathematischen Kombination gruppiert werden, solange wir insgesamt vier 1/16-Noten in einem Schlag nicht überschreiten. Sie können auf folgende Weise gruppiert werden.

Beispiel 1h

Tappe mit deinem Fuß zu einem Metronom und lerne, den Klang und die Wirkung dieser Rhythmen zu erkennen und *zu spüren*.

Jede der Noten in den obigen Beispielen kann durch einen entsprechenden Restwert ersetzt werden.

Gebundene Rhythmen

Es ist möglich, zwei Noten miteinander zu *verbinden*. Wenn du eine gebundene Note siehst, spielst du die zweite Note in der Gruppierung nicht an. Die erste Note wird zusätzlich zum eigenen Wert auch für den ergänzenden Wert der zweiten Note gehalten.

In der geschriebenen Musik gibt es die Konvention, immer einen Raum zwischen den Schlägen zwei und drei zu lassen, um die Lesbarkeit zu verbessern. Zum Beispiel solltest du sowas nicht wirklich sehen (obwohl du es gelegentlich tun wirst):

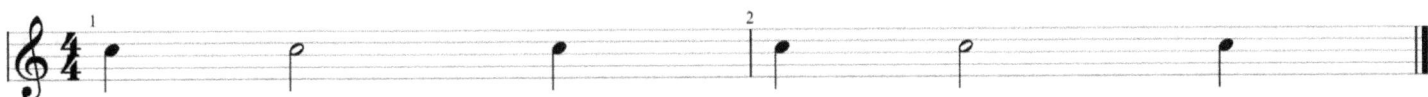

Der obige Rhythmus sollte eigentlich so geschrieben werden:

Die beiden vorhergehenden Beispiele klingen identisch, aber das zweite Beispiel ist korrekt geschrieben, da es eine Verbindung verwendet, um deutlich zu zeigen, wo sich die Mitte des Taktes befindet. Diese Verbindung nennt man übrigens „Haltebogen".

Wenn man die „Lücke" zwischen einem Schlag und einem anderen darstellt, dann ist es in der Regel besser lesbar. Ich würde es vorziehen, dies zu sehen…

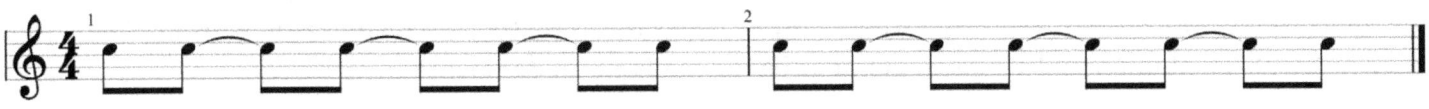

…und nicht so sehr das hier….

Beispiel 1i

...denn im Gegensatz zum letzten Beispiel werden davor die „Lücken" zwischen den Schlägen besser abgebildet. Dies ist allerdings eine Frage der persönlichen Präferenz und die hier im zweiten Beispiel angegebene Schreibweise wird ebenfalls häufig verwendet.

Versuche, dieses Beispiel durchzuklatschen, das gebundene 1/16tel Noten verwendet.

Beispiel 1j

Punktierte Rhythmen

Du wirst oft einen kleinen Punkt sehen, der hinter einer Note steht. Der Punkt ist eine rhythmische Anweisung, um die *Hälfte des gezeigten Notenwertes zusätzlich hinzuzufügen*.

Wenn wir zum Beispiel eine Note haben, die 2 Schläge dauert, und wir die Hälfte des ursprünglichen Notenwertes wieder hinzufügen (Hälfte von 2 = 1), erhalten wir eine Note, die 3 Schläge dauert.

In jedem der obigen Beispiele siehst du, wie sich das Hinzufügen eines Punktes zu einem Notenwert auf seine Länge auswirkt. Im zweiten Takt jeder Zeile wird gezeigt, dass das Hinzufügen eines Punktes mathematisch gleichbedeutend ist mit dem Verbinden der ursprünglichen Note zu der Hälfte ihrer Länge.

Normalerweise summiert die Note, die nach der punktierten Note steht, die punktierte Note zu einer vollständigen Anzahl an Schlägen. Zum Beispiel:

Beispiel 1k

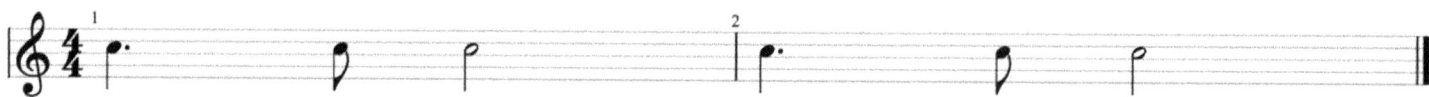

Triolen

Eine Triole besteht einfach aus drei Noten, die gleichmäßig in den Raum von zwei Noten gequetscht werden. Sie werden in einer Gruppe mit der Nummer „3" über ihnen geschrieben.

Wenn man 1/8-Triolen übt, kann es helfen, „trip-er-let trip-er-let trip-er-let" laut, im Takt mit dem Metronom, auszusprechen. Stelle sicher, dass jedes „Trip" genau mit dem Klick auf das Metronom übereinstimmt. Die oberste Zeile in jedem Beispiel zeigt die Triole; die unterste Zeile ist nur als Referenz da und zeigt, wo der ursprüngliche Notenwert liegt.

Ich könnte ein ganzes Buch über Rhythmen für die Gitarre schreiben (schau dir mein Buch **Sight-Reading für Gitarre** an, von dem ich diese Beispiele geklaut habe), aber es ist ein Fass ohne Boden und wir haben die meisten Rhythmen abgedeckt, die du beim modernen Gitarrenspiel antreffen wirst.

Also, wie sieht das alles in der Tabulatur aus?

Wenn die Rhythmusnotation mit der Tabulatur zu einem *System* (Linie) kombiniert wird, werden die Notenköpfe entfernt und die übrigen Stiele „schweben" über jeder Note im Tab.

Hier ist zum Beispiel ein einfaches Beispiel, das 1/4, 1/8 und 1/16 Noten kombiniert.

Beispiel 1l

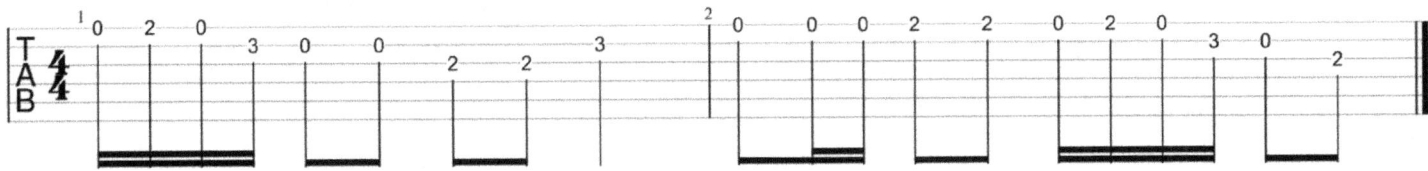

Hier ist ein etwas komplexeres Beispiel, das eine Triole- und eine punktierte Note einführt.

Beispiel 1m

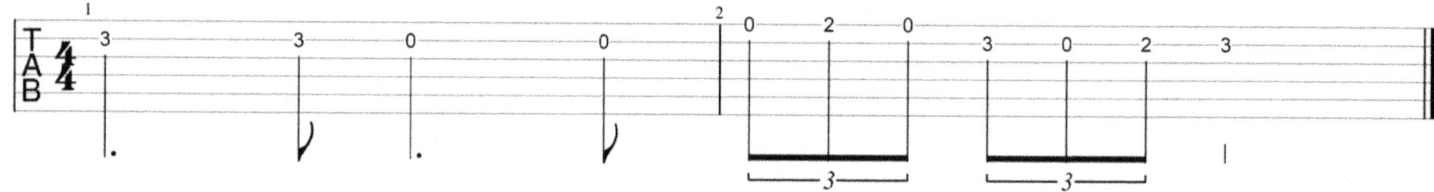

Die Kombination von Tabulator und Notation in einem einzigen System ist eine gute Möglichkeit, Platz zu sparen und zeigt deutlich die rhythmische Phrasierung jeder Note. Es ist sicherlich ein Schritt nach vorn im Vergleich zum zuvor gezeigten Tabulator im ASCII-Stil.

In Fachzeitschriften siehst du jedoch in der Regel sowohl die Tabulatur *als auch* die traditionelle Notation in einer Zeile zusammengefasst. In diesem Fall werden alle rhythmischen Informationen nur im Notationsteil berücksichtigt.

Auch wenn es seltsam erscheinen mag, den Fokus auf zwei Musiklinien zu verteilen, ist dies eigentlich ein viel besseres System als das kombinierte Tab + Rhythmus-Team.

Erstens spricht dieses System auch Gitarristen an, die keine Tabulatur lesen, aber was noch wichtiger ist, es ermöglicht uns, der Partitur in aufgeräumter Weise viel mehr Informationen hinzuzufügen. Diese Informationen können sich unter anderem beziehen auf die rechte Hand, die linken Hand, Tempo, Artikulation und Positionen/ Fingersätze.

Hier ist ein kurzes Beispiel für eine „kombinierte" Gitarren-Partitur. Beachte, dass der Rhythmus im Notationsteil enthalten ist und der Tabulatorteil „sauber" ist. Der rhythmische Abstand der Noten im Tabulatorteil richtet sich direkt nach dem rhythmischen Abstand der Notation.

Beispiel 1n

Nun beherrschst du die Grundlagen des Lesens von Gitarrentabulatoren und Rhythmus, lass uns also lernen, was eine gute Trainingseinheit ausmacht und wie du effektiver Gitarre spielen lernen kannst.

Wie man gesund übt

Es ist eine echte Kunst, das Beste aus einer Übungseinheit herauszuholen. Es ist alles eine Frage des Gleichgewichts.

Zuerst einmal musst du dich fragen, was deine Ziele beim Gitarre spielen sind. Möchtest du ein paar Songs spielen, ein wenig Blues spielen oder Solo spielen wie Jimi Hendrix? All dies sind gute *langfristige* Ziele und sie werden sich natürlich ändern, wenn du neue Musik entdeckst und besser spielst.

Langfristige Ziele sind eine große Inspiration, werden aber frustrierend, wenn sie nicht auch in mittel- und kurzfristige Ziele aufgeteilt werden. Mittelfristige Ziele geben dir ein Gefühl dafür, wohin deine Reise in den nächsten Monaten geht, und kurzfristige Ziele geben dir ein Gefühl dafür, was du in den nächsten Tagen oder Wochen erreichen solltest. Ohne kurzfristige Ziele wirst du nie ein regelmäßiges Gefühl von Fortschritt und Verbesserung in deinem Leben erleben, und die Verwirklichung mehrerer kurzfristiger Ziele ist viel inspirierender als nur die Konzentration auf das langfristige Ziel.

Für einen Anfänger könnten lang-, mittel- und kurzfristige Ziele so aussehen:

Langfristiges Ziel: Einen kompletten Song fehlerfrei abspielen.

Mittelfristiges Ziel: Beherrschung von Akkorden und Strumming-Patterns.

Kurzfristiges Ziel: Einfacher Wechsel von Em zu Am ohne Scheppern.

Kurzfristige Ziele werden häufiger erreicht, ändern sich daher regelmäßig und geben dir das Gefühl eines gesunden Fortschritts im Studium.

Wenn du besser wirst, wirst du feststellen, dass das, was früher ein mittel- oder sogar langfristiges Ziel war, zu einem kurzfristigen Ziel werden kann.

Wenn du ein Anfänger bist, kann der Wechsel zwischen den Akkorden ein Kampf sein, aber ob du es glaubst oder nicht, gute Gitarristen können einen kompletten Song lernen und innerhalb von Minuten perfekt spielen.

Wahrscheinlich erinnerst du dich noch daran, als du zum ersten Mal schreiben lerntest, dass das korrekte Zusammenfügen einzelner Buchstaben ein kurzfristiges Ziel war. Nun könntest du denken, dass das Schreiben eines 2000-Wort-Essays ein kurzfristiges Ziel ist, weil du die Fähigkeiten des Schreibens bereits beherrschst.

All dies bedeutet, dass sich deine Ziele als Spieler natürlich weiterentwickeln und verändern werden, wenn du dich als Musiker verbesserst.

Das Geheimnis für erfolgreiches Üben und Fortschritt auf der Gitarre (oder mit irgendeinem anderen Hobby) ist es, ein Übungstagebuch zu führen. Schreibe deine Ziele auf und sei ehrlich zu dir selbst. Wo willst du in einem Jahr sein? Wo willst du in einem Monat, einer Woche oder in der nächsten Stunde sein?

Jetzt, wo du deinen Übungsrahmen definiert hast, ist es an der Zeit, dir anzusehen, wie du deine aktuellen Trainingseinheiten ausbalancieren kannst.

Die goldene Regel ist, deine Zeit effektiv aufzuteilen. Sei ehrlich zu dir selbst, wie viel Zeit du *regelmäßig* für die Praxis aufwenden kannst. Jeden Tag für kurze Zeit zu spielen ist der beste Weg, um als Musiker voranzukommen, also bestimme eine Zeit, die nur für dich und deine Gitarre ist. Lass das Handy in einem anderen Raum, damit du dich nicht von Instagram ablenken lässt.

Alles, was du als Anfänger brauchst, ist eine regelmäßige 20-minütige Sitzung jeden Tag zu einer Zeit, in der du aufmerksam und effektiv bist. Verbringe 1/3 deiner Sitzung mit technischen Übungen und 2/3 mit dem Erlernen eines oder mehrerer Lieder, die dich zum Musizieren anregen.

Spiele immer mit einem Klick von einem Metronom. Eine gute langsame Startgeschwindigkeit liegt für die meisten Projekte bei ca. 50 BPM (Schläge pro Minute), aber die Lücken zwischen den Klicks sind oft etwas zu lang und schwer einzuschätzen, wenn es so langsam ist. Versuche, die Geschwindigkeit des Metronoms auf 100 BPM zu verdoppeln und zwei Klicks für einen Schlag zu hören, wenn du bei 50 BPM mit der Genauigkeit zu kämpfen hast.

Ein nützlicher Übungstipp, den ich gerne weitergeben möchte, ist „Der Trick mit den drei Münzen".

Beginne mit drei Münzen, die du links an deinen Arbeitsplatz legst. Wenn du deine Übung richtig durchspielst, bewege eine Münze nach rechts. Spiele die Übung noch einmal durch und wenn sie gut ist, schiebst du eine zweite Münze nach rechts. Wenn du einen Fehler machst, schiebst du eine Münze von rechts zurück nach links. Du darfst das Metronom erst dann beschleunigen (um ca. 8 BPM), wenn sich alle drei Münzen auf der rechten Seite deines Notenpults befinden. Es ist eine einfache Technik, aber eine, die sicherstellt, dass du deine Finger richtig programmierst und dir bei hohen Geschwindigkeiten keine schlechten Gewohnheiten antrainierst.

90% der Zeit sind Rhythmus und Lautstärke deine Hauptprioritäten, aber manchmal solltest du den Rhythmus auch einmal vergessen und dich einfach auf Lautstärke und Geschwindigkeit konzentrieren. Dies kann eine großartige Möglichkeit sein, Hammer-Ons, Pull-Offs und manchmal auch Slides zu lernen. Sobald du jedoch etwas Kraft entwickelt hast, ist es wichtig, dass du dich wieder auf das Spielen der Übung mit perfektem Rhythmus konzentrierst, um schlechte Gewohnheiten nicht zu verinnerlichen.

Die Regel, nach der man leben sollte, ist: „Die richtige Note, die zur falschen Zeit gespielt wird, ist immer noch eine falsche Note." Rhythmus ist der König und dein Publikum wird ein schlechtes Timing viel eher bemerken, als einen falschen Ton.

Langsam und stetig kommt man ans Ziel. Die Übungen in diesem Buch sind so konzipiert, dass sich deine Finger als Anfänger richtig und sicher bewegen. Integriere sie in Trainingseinheiten, bei denen es dein Hauptziel ist, Musikstücke zu lernen, dann kannst du nicht viel falsch machen.

Ein konstruktives langfristiges Ziel für jede Übung in diesem Buch ist es, sie bei 120 BPM wie geschrieben spielen zu können. Du möchtest vielleicht die Geschwindigkeit einiger der langsameren Übungen verdoppeln, während sich deine Fähigkeiten entwickeln, aber bitte verbringe nicht zu viel Zeit damit, auf Formel 1-Geschwindigkeit abzuzielen. Die Beispiele hier sind darauf ausgelegt, Stärke, Koordination und Finesse aufzubauen, nicht das Lernen von abgefahrenen Eddie Van Halen-Soli. Wir haben andere Bücher dafür und ich habe sie in der Zusammenfassung aufgelistet.

Vor allem aber viel Spaß und Freude bei deiner Reise.

Kapitel Zwei: Erste Griffübungen

In diesem Kapitel werden wir einen Blick auf die grundlegendsten Bewegungen werfen, die zum Musizieren auf der Gitarre verwendet werden. Es ist wirklich wichtig, dass du diese Beispiele sorgfältig durcharbeitest, denn sie werden dich für alles vorbereiten, was du jemals spielen wirst! Dies korrekt umzusetzen bringt dich auf den schnellsten Weg zu langfristigem Erfolg und du wirst die Gitarre rocken, bevor du dich versiehst.

Wie du weißt, werden Töne auf der Gitarre erzeugt, indem man die Saiten mit der Schlaghand spielt (die rechte Hand, wenn man Rechtshänder ist) und das ist eine Art Maschinenraum der Gitarre. Die Richtung der Musik (Melodie und Harmonie) wird durch deine *greifende* Hand gesteuert (die linke Hand, wenn du rechtshändig bist). Die Tonhöhe der Note, die du spielst, wird kontrolliert durch das Verkürzen der Saiten, indem du sie gegen das Griffbrett drückst. Je kürzer die Saite, desto höher die Tonhöhe der Note.

Um eine Note zu spielen, benutzt man normalerweise die Fingerspitze, um die Saite direkt hinter dem Bundstäbchen nach unten zu drücken. Je näher du an das Griffbrett herankommen kannst, desto besser, denn je näher du kommst, desto weniger Druck musst du ausüben, um die Saite nach unten zu drücken. Es ist, als würde man ein Lineal auf einem Schultisch vibrieren lassen!

Die "Ein-Finger-pro-Bund"-Regel ist eine, die oft gebrochen wird, aber sie ist ein nützlicher Einstieg, wenn du gerade erst anfängst. Es bedeutet einfach, dass, du deinen ersten Finger benutzt, um den ersten Bund zu spielen, den zweiten Finger, um den zweiten Bund zu spielen, und so weiter.

Wenn du mit deinem ersten Finger den 5. Bund spielst, dann würdest du deinen dritten Finger benutzen, um den 7. Bund zu spielen und deinen vierten, um den 8. Bund zu spielen usw. Du verstehst das Prinzip sicher.

Wie gesagt, diese Regel wird die ganze Zeit gebrochen, wenn man auf komplexere Musik stößt, aber in diesem Kapitel möchte ich dich bitten, für jeden Bund den entsprechenden, separaten Finger zu verwenden!

Im ersten Beispiel spielst du zuerst die erste Saite leer und platzierst dann die Spitze des ersten Fingers direkt hinter dem ersten Bund. Vergewissere dich, dass sich der Finger direkt hinter dem Bundstab befindet und stelle sicher, dass sich dein Daumen gegenüber befindet, auf der Rückseite des Halses nach oben zeigend und ungefähr in Höhe zwischen der fünften und sechsten Saite.

Wenn du den ersten Bund gedrückt hältst, spiele die erste Saite und entferne dann deinen ersten Finger. Spiele die offene Saite erneut und greife erneut mit deinem Finger. Mach dies viermal.

Als nächstes legst du die Spitze deines zweiten Fingers auf den zweiten Bund und wiederholst diesen Vorgang für den dritten und vierten Bund. Dein Daumen sollte sich während der gesamten Übung möglichst wenig bewegen.

Beispiel 2a:

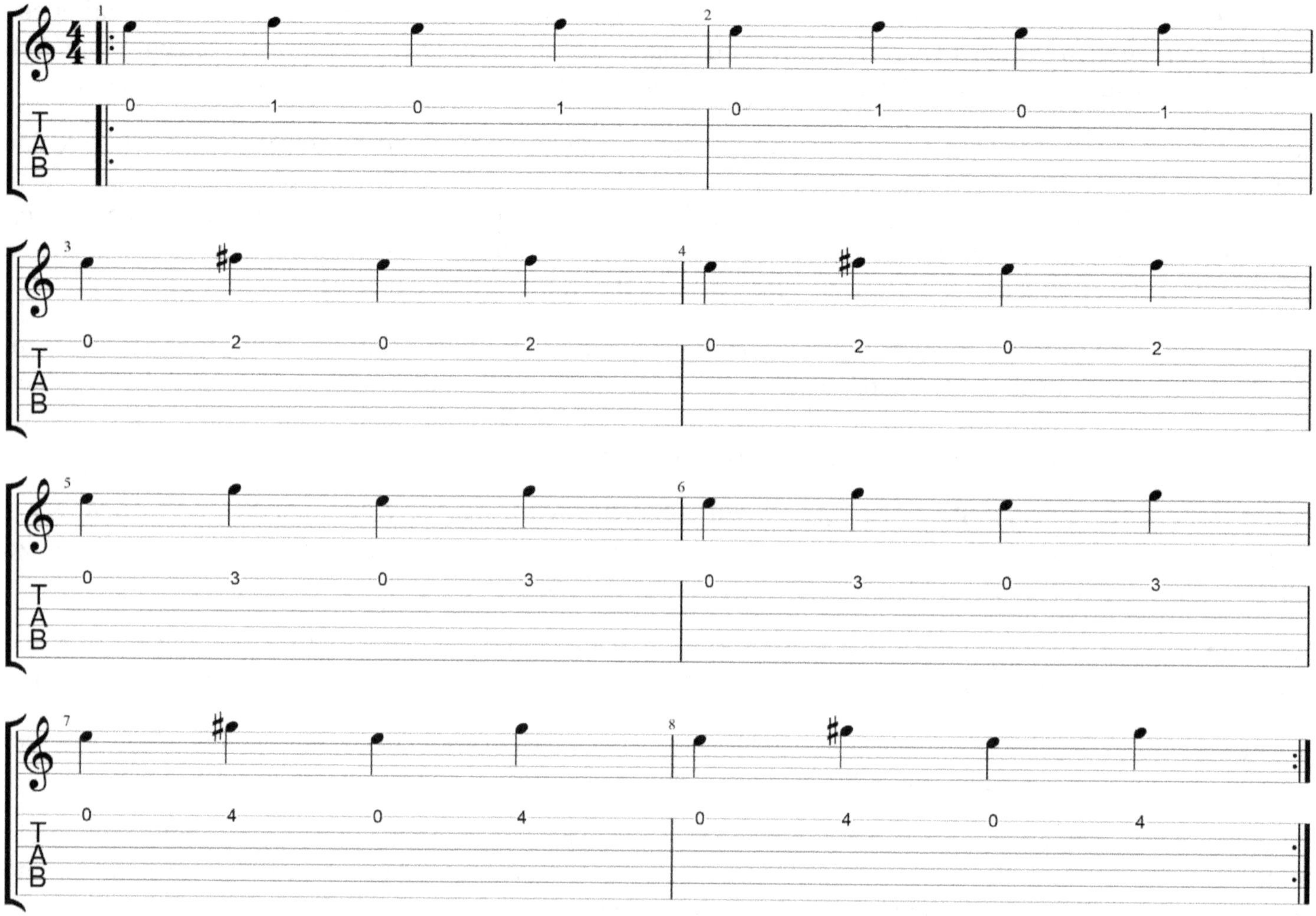

Beispiel 2b fasst die vorherige Übung zu einer kürzeren, fokussierteren zusammen.

Beginne mit dem ersten Finger im ersten Bund und verwende die "Ein-Finger-pro-Bund"-Regel, um die Übung durchzuspielen. Du wirst feststellen, dass diese Übung hier ein wenig anstrengend ist, also gehe in kurzen Instanzen vor und komme regelmäßig darauf zurück. Es wird dir helfen, die Kraft und Ausdauer deiner Finger aufzubauen.

Beginne mit deinem Metronom bei etwa 60 Schlägen pro Minute und spiele eine Note pro Klick.

Beispiel 2b:

Beispiel 2c wird höher auf dem Gitarrenhals gespielt und hilft dir, alle deine Finger reibungslos zu koordinieren. Lege deinen ersten Finger auf den fünften Bund und benutze die "Ein-Finger-pro-Bund"-Regel, um vom 5. bis zum 8. Bund hoch zu spielen. Wiederhole die ersten vier Noten ein paar Mal, bevor du die Übung auf der zweiten Saite wiederholst.

Du wirst feststellen, dass die Übung etwas schwieriger wird, wenn du dich in Richtung der tieferen Saiten bewegst, weil sich dann die Sehnen in deinen Fingern strecken.

Beispiel 2c:

Die nächste Übung wiederholt den vorherigen Ansatz, macht ihn aber etwas schwieriger, weil sie in der ersten Bundposition durchgeführt wird. Hier unten sind die Bünde etwas breiter, so dass es hilft, etwas Kraft aufzubauen und dir anzugewöhnen, deine Finger beim Spielen ein wenig mehr zu spreizen. Versuche, die Übung am 12. oder sogar am 15. Bund zu wiederholen, um zu sehen, wie sich kleinere Bundabstände auf deine Handposition auswirken.

Beispiel 2d:

Lass uns nun diese Idee umkehren und abwärts spielen. Lege *alle vier* Finger zunächst auf die Saite des 5., 6., 7. und 8. Bund. Spiele den 8. Bund und entferne dann den 4. Finger, damit der dritte Finger am 7. Bund den Ton erzeugt. Entferne dann den dritten Finger, um den 6. Bund zu greifen, und so weiter. Diese Fingerübungen sind ein wesentlicher Bestandteil, um später problemlos Melodien zu spielen. Es wird wie von selbst gehen, wenn du auf diese Weise übst.

Beispiel 2e:

Beispiel 2f verbessert sowohl dein Rhythmusgefühl als auch die Kraft des zweiten Fingers. Der unten gezeigte Rhythmus ist eine *Triole* und zwischen jedem Klick des Metronoms werden drei gleich lange Noten gespielt. Verwende deinen ersten, zweiten und vierten Finger, um die Noten zu spielen (einen Finger pro Bund) und spiele zusammen mit dem Audiobeispiel, um das Timing zu beherrschen.

Beispiel 2f:

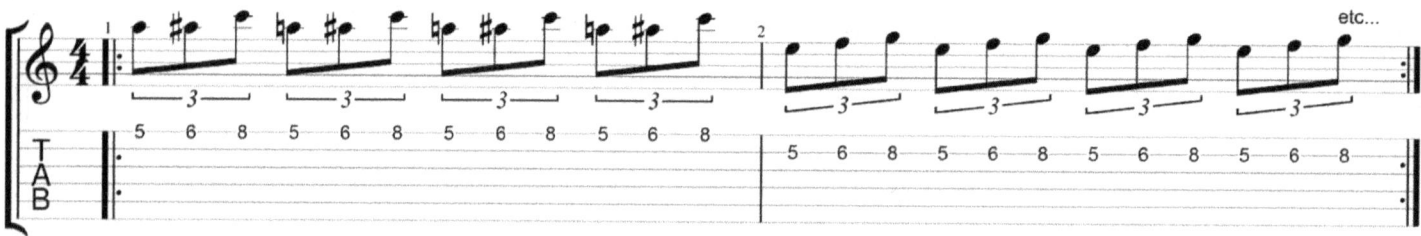

Beispiel 2g ist ähnlich, aber deutlich schwieriger, als die vorherige Übung, da sie den dritten Finger trainiert, der bei allen neuen Gitarristen schwächer ist. Der dritte Finger teilt sich eine Sehne mit dem Mittelfinger und ist fast immer der schwächste und am wenigsten kontrollierte. Übungen, die die Koordination mit dem dritten Finger stärken und unterstützen, sind unerlässlich zum Üben, aber mach sie in kurzen Abständen, da du sonst leicht müde wirst, wenn du sie zum ersten Mal anfängst zu üben.

Beispiel 2g:

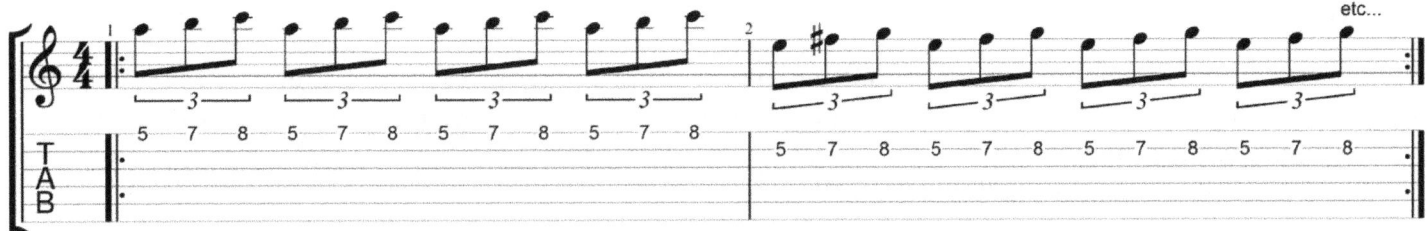

Das nächste Beispiel trainiert ebenfalls den dritten Finger und führt einen Sprung vom 5. zum 8. Bund ein, der hilft, auch den vierten Finger zu trainieren. Benutze die "Ein-Finger-pro-Bund"-Regel und spiele jede Note sauber und gleichmäßig.

Beispiel 2h:

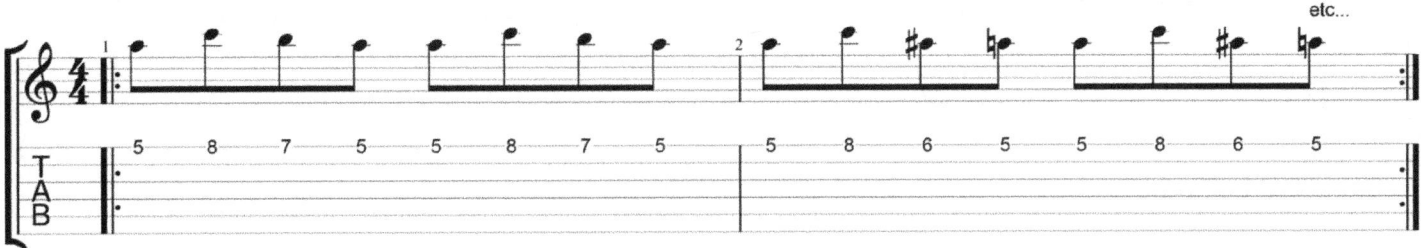

Beispiel 2i ist ähnlich wie Beispiel 2h, aber diesmal trainieren wir den zweiten Finger. Übe die Sequenz in Takt eins für ein, zwei Minuten, bevor du bis zur tiefsten Saite spielst. Wenn sich deine Finger über den gesamten Gitarrenhals strecken, müssen die Sehnen etwas härter arbeiten, also ist dies eine großartige Möglichkeit, Kraft und Ausdauer aufzubauen. Wie immer, praktiziere diese Übung in kurzen, langsamen Einheiten und halte die Noten schön gleichmäßig klingend. Achte auf klaren, gut hörbaren Ton.

Beispiel 2i:

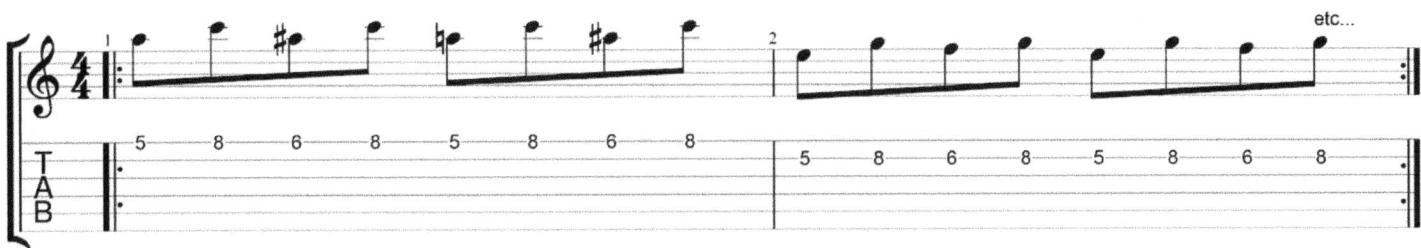

Es ist sehr wichtig, Bewegungskontrolle zwischen dem dritten und vierten Finger zu entwickeln. Der vierte Finger ist aber auch der schwächste in deiner ganzen Hand. Beispiel 2j wird sich dem kleinen Finger widmen, ist aber auch die härteste Übung in diesem Kapitel und hat das Potenzial, die Finger sehr schnell zu ermüden, also geh es langsam an.

Greife den 5. Bund mit dem ersten Finger und benutze die "Ein-Finger-pro-Bund"-Regel, um den 8. Bund mit dem vierten Finger und den 7. mit dem dritten zu spielen. Die Übung ist um das wiederholte Griffmuster „1 4 3 4" herum aufgebaut und fordert dich sehr. Probiere diese Bewegung nur auf der ersten Saite, bevor du das gesamte Muster nacheinander auf jeder Saite übst.

Du kannst diese Übung so abändern, dass du das Muster viermal auf jeder Saite oder nur einmal spielst. Was auch immer du tust, stelle sicher, dass die Bewegung flüssig ist und dass jede Note kontrolliert und im richtigen Timing gespielt wird. Beginne mit einer Note pro Klick bei 60 BMP und erhöhe die Geschwindigkeit schrittweise.

Beispiel 2j:

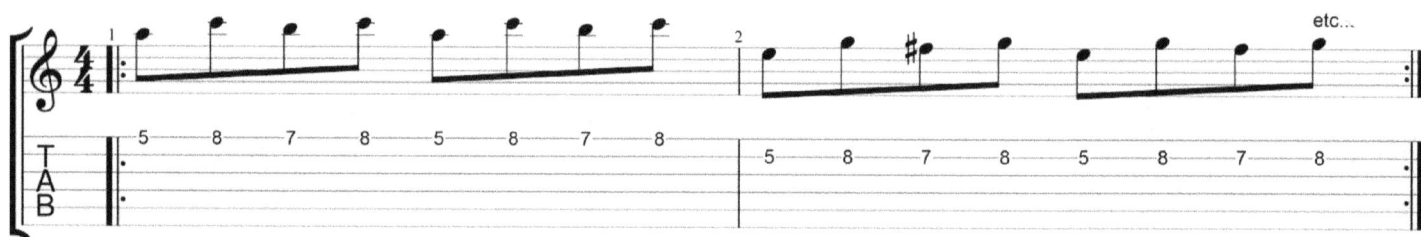

Die Übungen in diesem Kapitel sollten langsam in deinen Übungsplan eingeführt werden und nie mehr als 20 % deiner Übungszeit in Anspruch nehmen – also etwa 5 Minuten bei einer 30-minütigen Routine. Wenn du das Gefühl hast, eine Übung gemeistert zu haben und sie wie geplant bei 100-120 BPM spielen kannst, entferne sie aus deinem Übungsplan. Es macht keinen Sinn, etwas zu üben, was man bereits spielen kann.

Im nächsten Kapitel werden wir einige wichtige Übungen entdecken, die dir helfen, die Koordination und Kontrolle deiner Schlaghand zu beherrschen.

Kapitel Drei: Erste Plektrumübungen

Rechtshänder-Gitarristen schlagen die Gitarrensaiten mit der rechten Hand an. Die meisten E-Gitarristen benutzen einen *Pick* (oder *Plektrum*), um die Saiten anzuschlagen. Dafür gibt es einige wichtige Zeichen in der Notation, die du kennen musst.

Es gibt nur zwei Richtungen, in die wir die Saite mit dem Pick schlagen können: Auf und ab.

Das Symbol für einen Anschlag nach unten sieht ein wenig aus wie der Kleinbuchstabe „n".

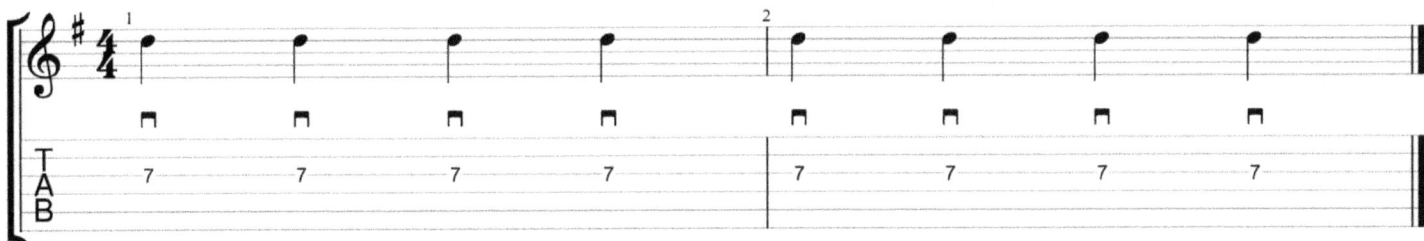

Das Symbol für eine Anschlag nach oben sieht aus wie der Buchstabe „v".

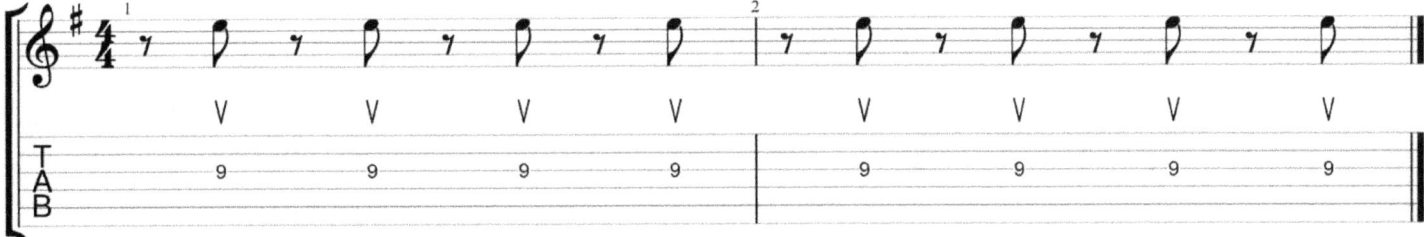

Die erste Übung in diesem Abschnitt ist sehr einfach, gibt dir aber die Möglichkeit, sich auf das saubere Greifen der Note zu konzentrieren (kein Scheppern), während du deine Schlaghand koordinierst, um jede Note mit einem Schlag nach unten zu spielen. Benutze deinen Zeigefinger, um den 5. Bund auf der G-Saite zu spielen und eine Note für jeden Klick deines Metronoms zu spielen, das auf etwa 80 Schläge pro Minute (BPM) eingestellt werden sollte.

Beispiel 3a:

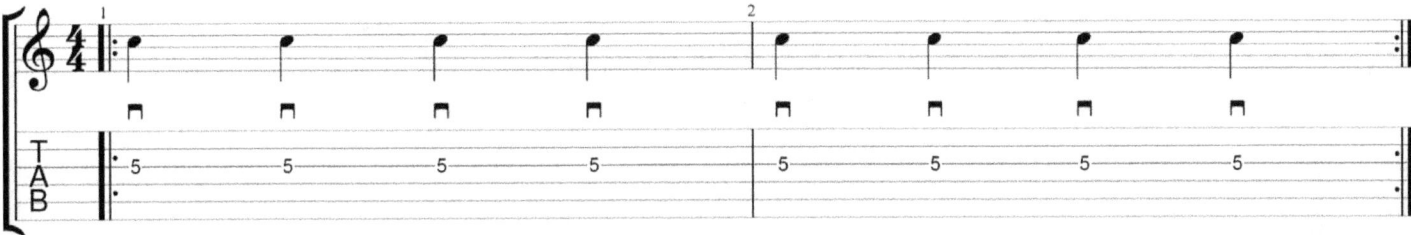

Spiele nun die folgende Melodie nur mit Abwärtsschlägen. Dies baut deine Koordination auf, da du die Saite fünfmal wechseln musst. Achte auch hier darauf, dass du jede Note sauber mit den Fingerspitzen greifst und stelle sicher, dass es kein Scheppern gibt. Der Fingersatz, den du mit deiner Greifhand verwenden solltest, ist hier auch einmal im oberen Notationsteil abgebildet.

Beispiel 3b:

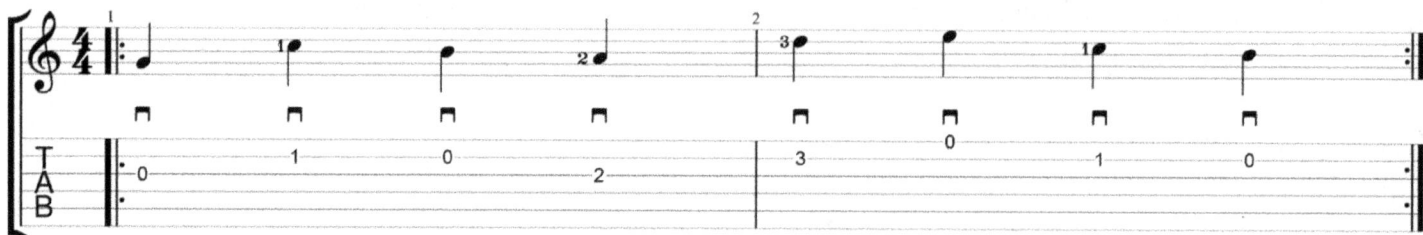

Auf- und Abwärtsbewegungen können wie ein Uhrwerk verwendet werden, um uns beim Timing zu helfen. Stell dir hier einmal jede Note, die auf den Abwärtsschlag (Metronom-Klick) fällt, als Abwärtsbewegung vor. Jede Note, die zwischen den Klicks (Aufwärtsschlag) fällt, als Aufwärtsbewegung. Höre dir den Ton an und achte im folgenden Beispiel auf die Schlagmarkierungen. „V" bedeutet Aufwärtsschlag.

Beispiel 3c:

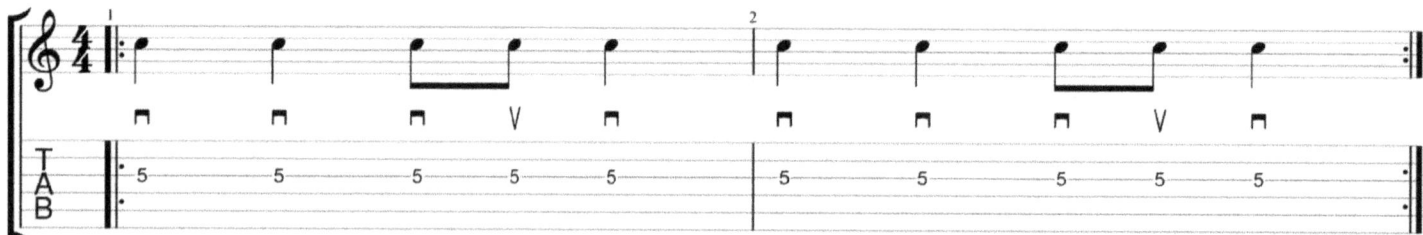

Hier ist ein Beispiel, das Ab- und Aufschläge verwendet und dabei die Saiten wechselt. Es wird deine Koordination fördern, also übe langsam mit dem Metronom bei 80 BPM.

Beispiel 3d:

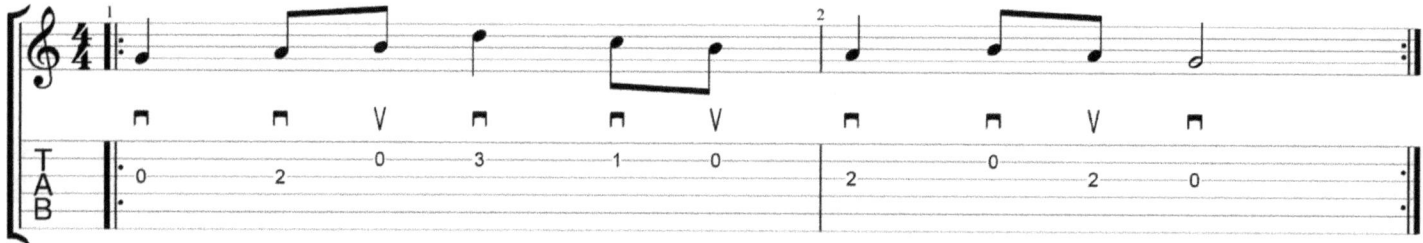

Das nächste Beispiel führt 1/16tel Noten ein. Es gibt vier 1/16tel Noten in einem Schlag und sie werden mit einer „ab-auf-ab-auf"-Schlagbewegung gespielt. Spiele dieses Beispiel nur auf einer Saite durch, um deine Koordination beim Anschlagen zu entwickeln, bevor du weitermachst.

Beispiel 3e:

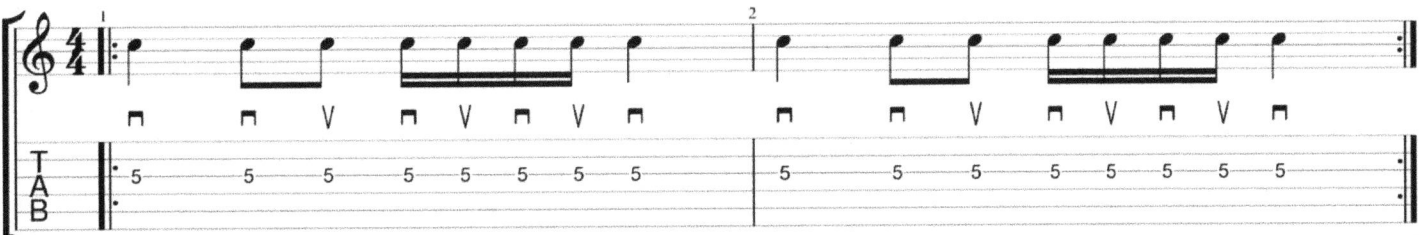

Beispiel 3f ist eine kurze Melodie, die ich geschrieben habe, um dich ein wenig zu fordern. Du musst exakte 1/16tel Noten in Takt zwei spielen und die Saitenpoistion zweimal wechseln. Verwende die Regel „Ein-Finger-pro-Bund", so dass alle 1. Bundtöne mit dem ersten Finger und alle 3. Bundtöne mit dem dritten Finger gespielt werden. Höre dir das Audio an und summe die Melodie, bevor sie du spielst, denn das wird es einfacher machen, sich zu erinnern und deine innere musikalische Stimme mit deinen Fingerbewegungen zu verbinden.

Beispiel 3f:

Das nächste Beispiel führt *Saiten-Sprünge* ein. Ein Saitensprung ist jede Schlagbewegung, die mehr als eine Saite überspringt, und sie sind anfangs schwierig zu spielen, weil es häufig passiert, dass man die übersprungene Saite versehentlich mit dem Pick berührt und so mit anspielt.

Das Pick muss in der Nähe der Saite bleiben, die du auslässt, um eine reibungslose Bewegung in deiner Schlaghand aufrechtzuerhalten. Aber wenn du ihr zu nahe kommst, wirst du sie versehentlich berühren und eine ungewünschte Note spielen! Verwende die "Ein-Finger-pro-Bund"-Regel und höre dir das Audio an, bevor du es nachspielst. Trainiere diese Übung sehr langsam, weil du hier grundlegende Bewegungen guter Technik einprogrammierst.

Beispiel 3g:

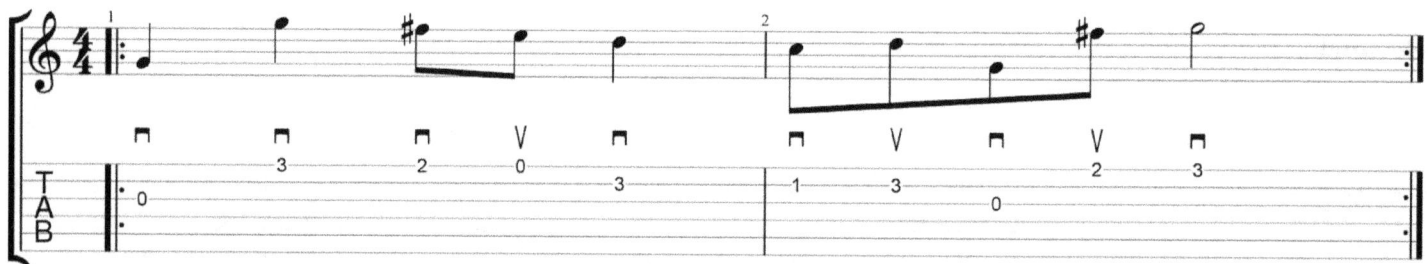

Die nächsten Übungen bestehen darin, einen Akkord zu greifen und ausgewählte Saiten reibungslos anzuspielen. Wenn du noch keine Akkorde gelernt hast, schau dir mein Buch **Die ersten 100 Akkorde für die Gitarre** an.

Greife in Beispiel 3h den Akkord Em wie im Akkordschema über der Notation angezeigt und spiele die 6., 3., 2. und 1. Saite in einer nahtlosen Abwärtsbewegung. Wechsle zu Am und spiele die 5., 3., 2. und 1. Saite auf die gleiche Weise.

Beginne mit dem Spielen der folgenden drei Beispiele ohne Metronom, um die Schlaghand zu trainieren, und füge ein langsames Metronom hinzu, sobald du dazu bereit bist. Springe weiter zu Kapitel Neun, wenn du weitere Hilfe für einen flüssigen Wechsel der Akkorde benötigst.

Beispiel 3h:

In Beispiel 3i spielst du die erste von vier Noten mit einer Abwärtsbewegung und verwendest danach eine Aufwärtsbewegung, um die restlichen Noten auf den höheren Saiten zu spielen. Wechsle so flüssig wie möglich zwischen Em und Am.

Beispiel 3i:

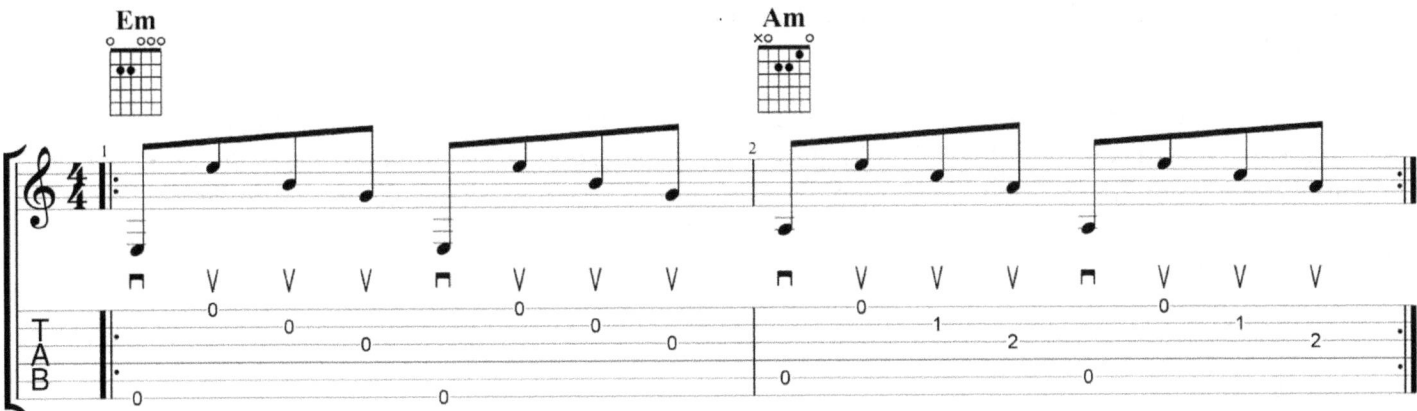

Das letzte Beispiel ist etwas schwieriger und beinhaltet den Wechsel zwischen den Akkorden G-Dur und Cadd9. Schau dir die Akkorddiagramme genau an und du wirst sehen, dass du nur zwei Finger bewegen musst, um zwischen den Akkorden zu wechseln.

Beginne mit einem Abwärtsschlag auf der ersten Note in jedem Takt und die folgenden Noten dann abwechselnd auf und ab. Während der gesamten Übung sollte sich dein Pick „ab auf ab auf ab auf ab auf" bewegen. Dies ist etwas kniffliger, wird deine Schlaggenauigkeit aber auf sehr gute Weise verbessern. Es klingt auch toll!

Beispiel 3j:

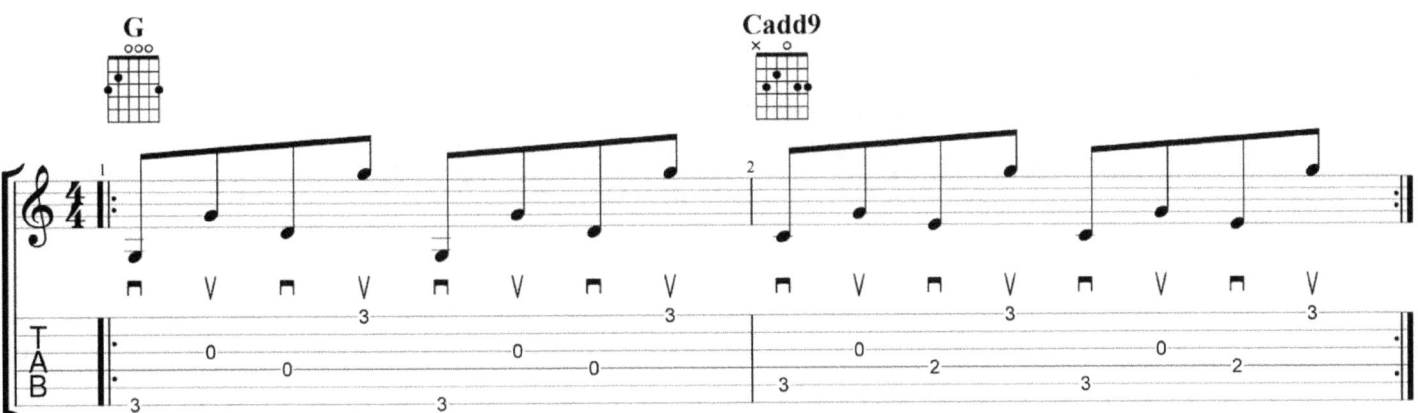

In diesem Kapitel haben wir deine grundlegende Genauigkeit mit dem Pick entwickelt. Das ist extrem wichtig, da fast alles, was du auf der Gitarre spielst, so gespielt wird. Es kommt aber auch vor, dass man Rock-, Pop- und Folksongs spielt, in denen man mit den einzelnen Fingern der Schlaghand reichhaltige Rhythmus-Gitarrenparts und Melodien erzeugt. Wir werden dies im nächsten Kapitel untersuchen.

Kapitel Vier: Fingerpicking

Du musst kein Plektrum benutzen, um die Saiten anzuschlagen. Du kannst auch deine Finger nehmen. Als Rechtshänder benutzt du die Finger der rechten Hand, um die Saiten zu zupfen, während du Noten mit der linken Hand greifst.

Jeder Finger der rechten Hand erhält einen Namen, der dann abgekürzt und auf der Standard-Notationszeile angezeigt wird, um zu zeigen, mit welchen Fingern man spielen soll. Das nennt man Fingersatz. Wie bei vielen Dingen bezüglich der Gitarre sind die Namen der Finger vom Original Spanisch übernommen.

Daumen (Pulgar)

Zeigefinger (Index)

Mittelfinger (Medio)

Ringfinger (Anular)

Der kleine Finger wird selten beim Fingerpicking verwendet.

In den meisten Musikstücken kümmert sich der Daumen normalerweise um alle Noten, die auf den tieferen drei Saiten gespielt werden.

Die folgende Akkordfolge-Idee (keine Sorge, das musst du noch nicht spielen!) verwendet den Daumen und die drei Finger der Schlaghand im klassischen Stil. Der Daumen spielt die Bassnote und die Finger arpeggieren (das heißt: spielen nacheinander) durch die höheren Töne des Akkords.

Beachte, dass die Buchstabenbezeichnungen für jeden Finger (Fingersätze) im Notationsteil, nicht aber im Tabulaturteil geschrieben stehen.

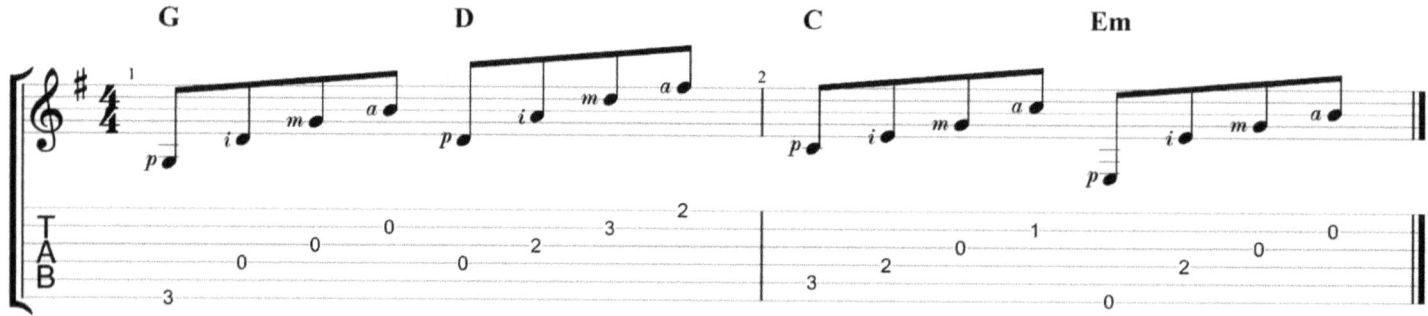

Die folgenden Übungen in diesem Kapitel werden mit den Akkorden Em und Am geübt, können aber auf jede beliebige Akkordfolge angewendet werden.

Die erste Übung besteht darin, ein gleichmäßiges Picking-Muster beizubehalten, während du die Akkorde mit der Greifhand wechselst. Benutze deinen Daumen auf den Basssaiten (6. auf dem Em-Akkord und 5. auf Am) und benutze deinen Zeige-, Mittel- und Ringfinger, um die höheren drei Saiten zu spielen.

Auch wenn du auf dem Em teilweise keine gegriffenen Noten anschlägst, ist es wichtig, die Noten des Akkords tatsächlich so greifen, als ob du es tätest.

Da es auf den höheren Saiten keine gegriffenen Noten gibt, kannst du kurz vor dem Ende des Taktes mit dem Wechsel von Em zu Am beginnen, um bei Bedarf etwas mehr Zeit zu gewinnen. Höre dir die Audiospur an und verwende ein Metronom, das auf 60 BPM eingestellt ist, wenn du startest.

Deine Schlaghand sollte entspannt sein, wobei der Daumen zum Hals der Gitarre zeigt und der Ballen auf der Saite aufliegt. Lasse die anderen Finger auf den Saiten ruhen, die sie spielen werden. Knicke sie nach innen und nach oben weg von der Saite, um den Ton zu erzeugen. Konzentriere dich darauf, reibungslos und gleichmäßig zu spielen.

Beispiel 4a:

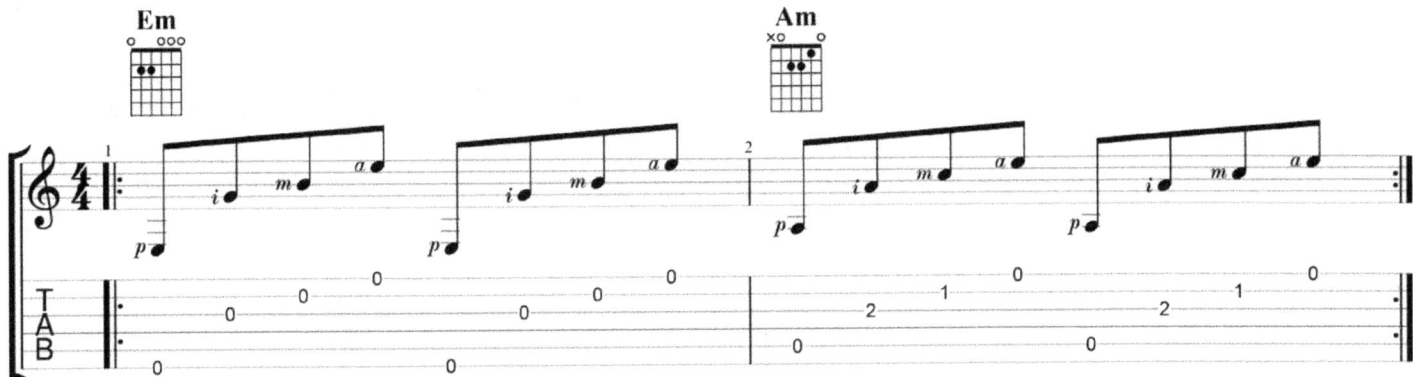

Das nächste Beispiel verwendet die gleiche Akkordfolge mit einem anderen Fingerpicking-Muster. Der Daumen spielt die Bassnoten in der gleichen Reihenfolge, aber diesmal spielen die Finger in der Reihenfolge Ringfinger, Mittelfinger, Zeigefinger.

Beispiel 4b:

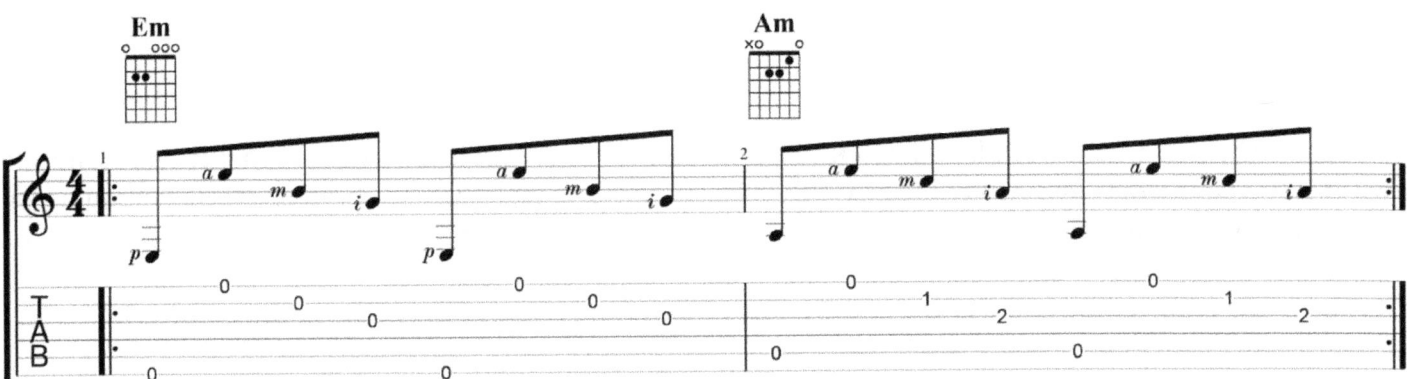

Beispiel 4c ist eine etwas größere Herausforderung für den Ringfinger und wird helfen, Kraft und Kontrolle aufzubauen. Konzentriere dich auf sauberes Timing, indem du zunächst eine Note pro Klick spielst und schrittweise bis zu 120 BPM beschleunigst, dann auf 60 BPM zurückkehrst und zwei Noten pro Klick spielst, bevor du die Geschwindigkeit wieder erhöhst.

Beispiel 4c:

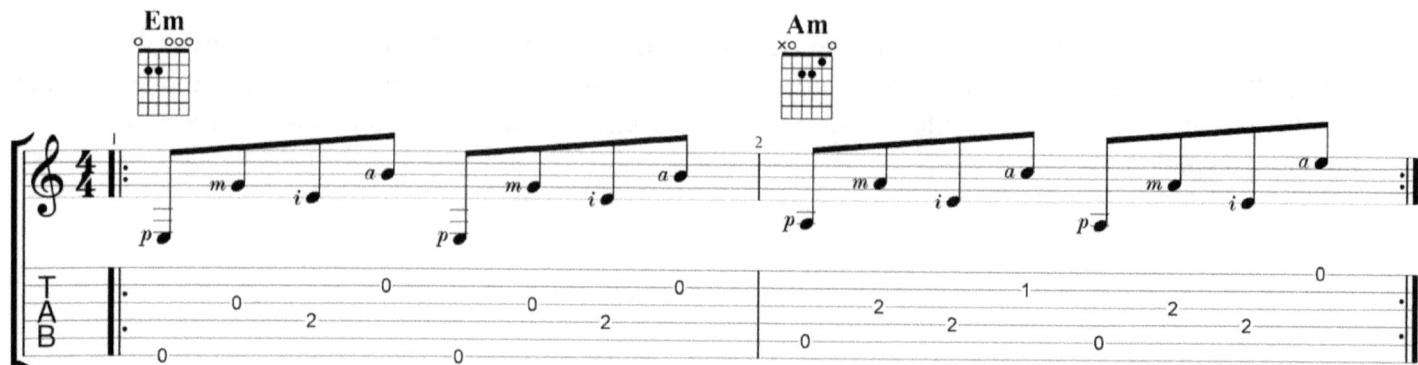

Beispiel 4d führt deine Schlaghand in das Spielen von Triolen ein. Es gibt zwei Triolen in jeder Sequenz. Die erste Sequenz ist aufsteigend von Daumen, Zeigefinger zu Mittelfinger. Die zweite Sequenz geht abwärts von Ringfinger, Mittelfinger zu Zeigefinger. Dies ist ein gängiges Muster, also höre dir das Audio an und übe alles, bis es richtig gut fließt.

Beispiel 4d:

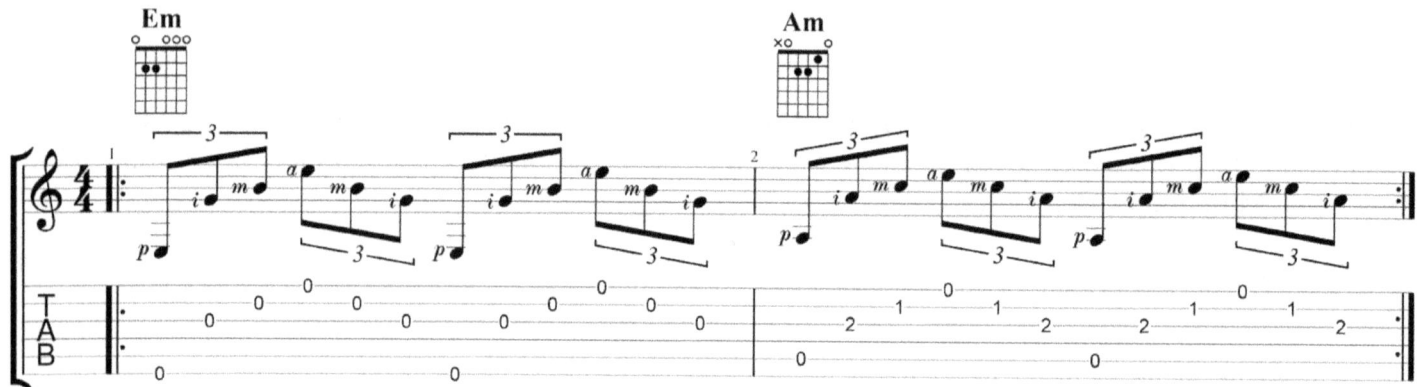

Das nächste Muster wird ebenfalls in Triolen gespielt, ist aber repetitiver und entwickelt Stärke und Kontrolle zwischen deinem Ring- und Mittelfinger. Gehe langsam vor und ziele darauf ab, über einen Zeitraum von mehreren Wochen Ausdauer aufzubauen.

Beispiel 4e:

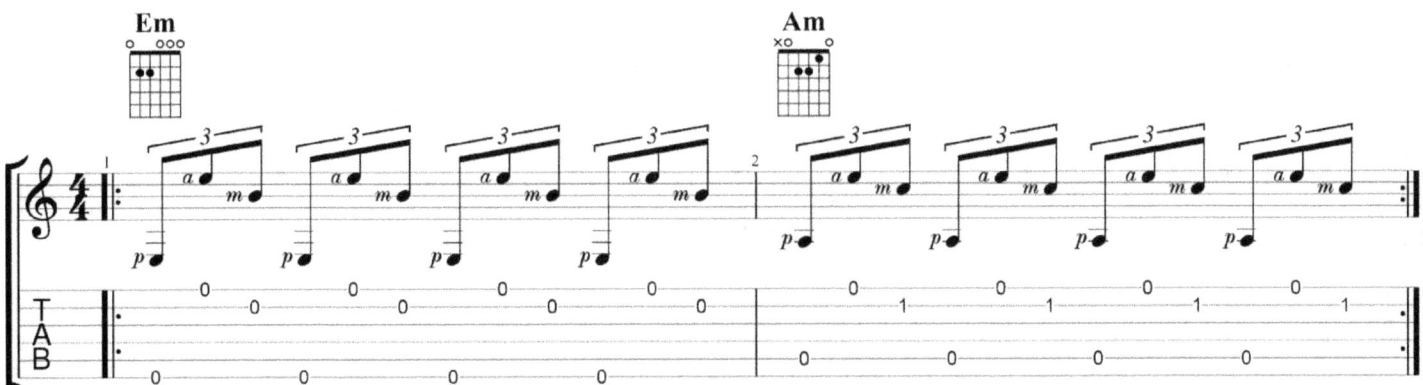

Beispiel 4f beginnt auf die gleiche Weise wie die vorherige Übung, kehrt aber die Noten in der zweiten Triole um. Spiele erst Daumen, Ringfinger, Mittelfinger, dann Daumen, Zeigefinger, Mittelfinger. Dies braucht viel Training, ist aber großartig, um eine Verbindung zwischen Gehirn und Körper aufzubauen.

Beispiel 4f:

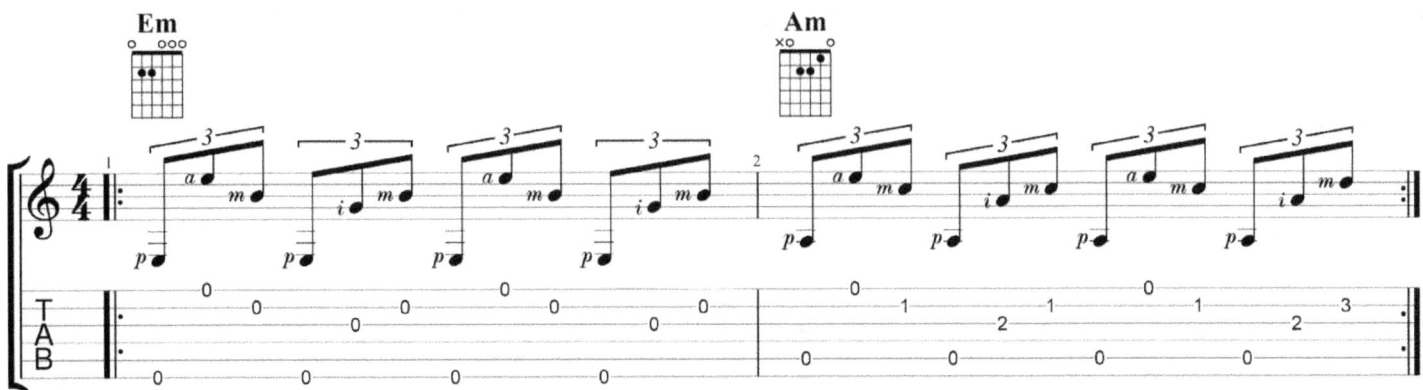

Die nächste Übung konzentriert sich mehr auf die Picking-Finger und entwickelt die oft schwache Koordination zwischen Daumen und Ringfinger. Sie fühlt sich am Anfang etwas unangenehm an, also spiele sie zuerst langsam. Probiere dies mit verschiedenen Akkordfolgen aus, um zu hören, wie es in unterschiedlichen Situationen klingt.

Beispiel 4g:

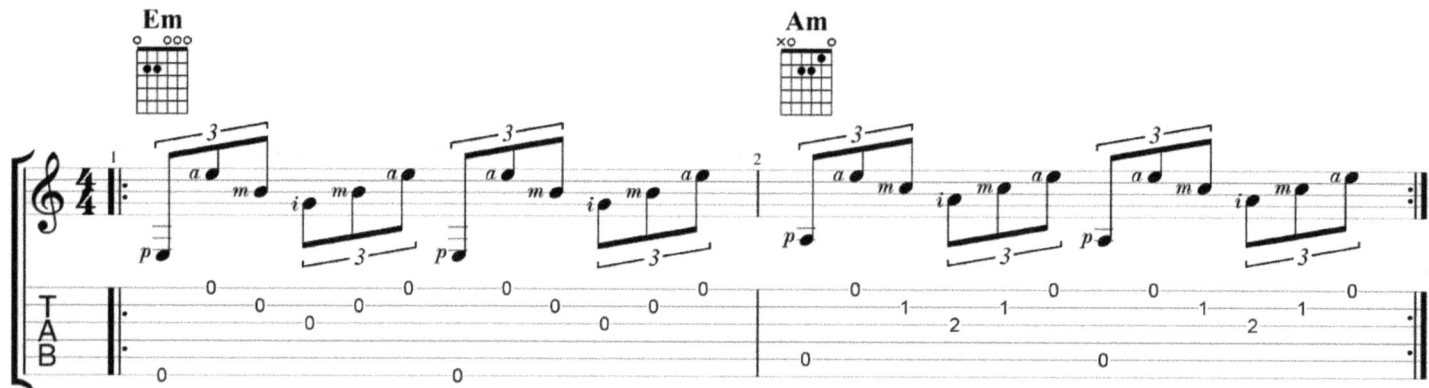

Beispiel 4h führt einen Haltebogen ein. Damit werden zwei Noten miteinander verbunden, um ihre Länge zu erweitern. Die Idee ist, dass man die erste Note spielt und sie dann für die Länge der zweiten Note hält. Wie du sehen kannst, tritt der Haltebogen auf der zweiten 1/8el-Note von Schlag 2 auf und dauert bis zur zweiten 1/8el Note von Schlag 3. Dies ist leicht zu hören, aber schwer in Worten zu erklären, also hör dir das Audio an und imitiere einfach den Sound auf dem Track.

Haltebögen erzeugen immer interessante *synkopierte* (Off-Beat) Rhythmen und sind in den meisten Fingerstyles sehr verbreitet. Sobald du dieses Beispiel gemeistert hast, öffnet sich dir eine ganze Welt an rhythmischen Möglichkeiten und du wirst ein interessanterer Musiker werden!

Beispiel 4h:

Kapitel Fünf: Koordination der linken / rechten Hand

Das Ziel dieses Kapitels ist es, dir zu helfen, eine perfekte Koordination zwischen deiner Greifhand und Schlaghand zu entwickeln. Wir werden dies erreichen, indem wir einige spezielle Zirkel-Übungen durchführen, die entwickelt wurden, um etwaige Timing-Probleme zwischen dem Zeitpunkt, an dem du die Note greifst und dem Zeitpunkt, an dem du die Saite anspielst, auszugleichen. Selbst das kleinste Maß an Fehlkoordination zwischen Greifen und Schlagen wird sich negativ auf deinen Spielfluss, deinen Sound und deinen Rhythmus auswirken.

Das erste, was du prüfen solltest, ist die richtige Position deiner Schlaghand, da diese für Stabilität und Balance in deinem Spiel sorgt.

Position der Schlaghand

Es ist schwierig in Worten zu erklären, aber die Position der Schlaghand ist signifikant. Der *Handballen* (der fleischige Teil der Handfläche, der unterhalb des kleinen Fingers liegt) sollte immer in leichtem Kontakt mit den Basssaiten stehen, wenn du Noten auf den höheren Saiten spielst. Dies ermöglicht es dir nicht nur, die Saiten mit deinem Plektrum schnell zu finden, sondern hält auch unerwünschte Saitengeräusche fern, wenn du z.B. mit Verzerrer spielst. Wenn du die hohen Saiten in dieser Position nicht erreichen kannst, bewege dein ganzes Handgelenk auf der Gitarre weiter nach unten.

Verankere deine Schlaghand nicht fest an den Gitarrensaiten. Wenn du ungedämpfte Noten auf den Basssaiten spielen möchtest, bewege dein Handgelenk so, dass der Ballen locker auf dem Gitarrenkorpus aufliegt. Wenn du eine Skala über alle sechs Saiten spielen willst, sollte sich dein Plektrum in einer geraden Linie die Saiten hinunter bewegen können, während du mit deinem ganzen Handgelenk nach unten gehst. Wenn du dein Handgelenk an den Basssaiten verankerst, machst du mit dem Pick einen Bogen, der unbedingt zu vermeiden ist.

Lass die Finger, die du nicht benutzt (Mittelfinger, Ringfinger, kleiner Finger), vorsichtig unter deiner Handfläche verschwinden.

Das Plektrum sollte auf der Seite des Zeigefingers (nicht auf dem Ballen) gehalten werden, wobei der Daumen es sanft von oben stützt. Du solltest es ca. 2 mm aus dem Daumen herausragen lassen.

Schlag-Bewegungen

Als nächstes betrachten wir die beiden häufigsten Möglichkeiten, eine Sequenz von Noten auf der Gitarre zu spielen. Die erste ist mit einem *Wechselschlag*. Wenn du den Wechselschlag anwendest, bewegst du das Plektrum kontinuierlich nach unten, nach oben, nach unten, nach oben usw., abhängig von den Melodienoten. Es ist eine sehr konsistente Art zu spielen und toll, wenn man anfängt, aber später stellen die Leute oft fest, dass es dynamisch gesehen nicht sehr interessant ist und der Ton zu konstant ist.

Du wirst sehen, dass die Schlag-Notation im ersten Teil von Beispiel 5a mit einem Abwärtsschlag beginnt, ⊓ gefolgt von einem Aufwärtsschlag V und so durchgehend im Beispiel weiter geht.

Lerne die folgende Übung langsam mit der "Ein-Finger-pro-Bund"-Regel. Der Fingersatz ist auf dem klassischen Notationsteil dargestellt. Während du die Noten lernst, mach dir keine Sorgen um den Anschlag, aber sobald du dir die Schleife gemerkt hast, stelle sicher, dass du einen konsistenten Wechselschlag nutzt.

Beispiel 5a:

(Wechselschlag)

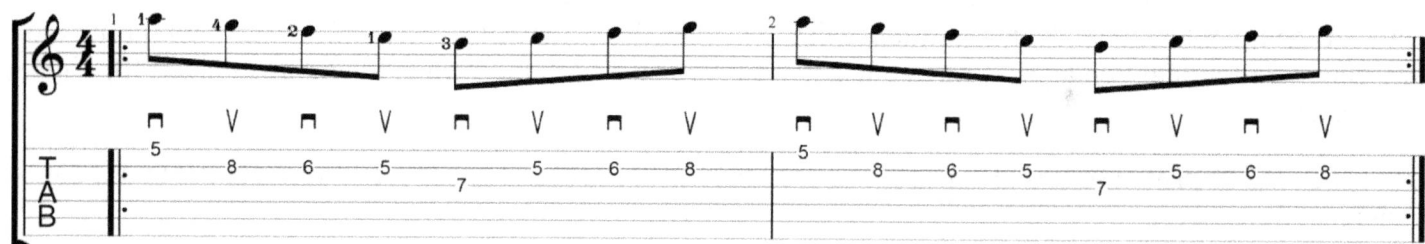

Eine weitere Art des Anschlags ist das Economy-Picking. Beim Economy-Picking geht es darum, dass das Plektrum so wenig wie möglich zwischen den Saiten herumwandert. Wenn du beispielsweise die offene fünfte (A) Saite mit einem Down-Pick spielst und die offene vierte (D) Saite spielst, ist es effizienter, einen weiteren Schlag nach unten zu verwenden, um sie zu spielen, als über die vierte Saite zu hüpfen und sie dann mit einem Up-Pick zu spielen.

Beim Economy-Picking geht es darum, den kürzesten Weg für das Plektrum zwischen den einzelnen Noten zu finden.

Beispiel 5a2 zeigt eine identische Tonfolge, aber diesmal mit Economy-Picking. Du beginnst auf die gleiche Weise, aber der Unterschied tritt zwischen dem zweiten und dritten Schlag von Takt eins bzw. zwischen dem vierten Schlag von Takt eins und dem ersten Schlag von Takt zwei auf.

Die Note bei Schlag drei (Bund 7) ist eine Saite tiefer als die vorhergehende Note (Bund 5). Anstatt mit dem Plektrum erst nach oben zu gehen, um einen Down-Pick zu spielen, spielst du ihn mit einem Up-Pick, weil es der kürzeste Weg zwischen den beiden Punkten ist. Ein umgekehrtes Muster erfolgt am Ende des Taktes, wenn du zwei Down-Picks in Folge spielst, um vom 8. zum 5. Bund zu gelangen.

Ich möchte nicht zu sehr in die Unterschiede zwischen Wechsel- und Economy-Picking gehen, sondern empfehle, dass du denjenigen Ansatz verwenden solltest, der für dich natürlicher ist.

Wenn du in die Details des Pickings einsteigen willst, gibt es zwei Bücher, die ich dir sehr empfehlen kann. Die erste ist **Moderne Technik für E-Gitarre**, und die zweite ist **Neoklassische Geschwindigkeits-Strategien für Gitarre**.

Beispiel 5a2

(Wechselschlag)

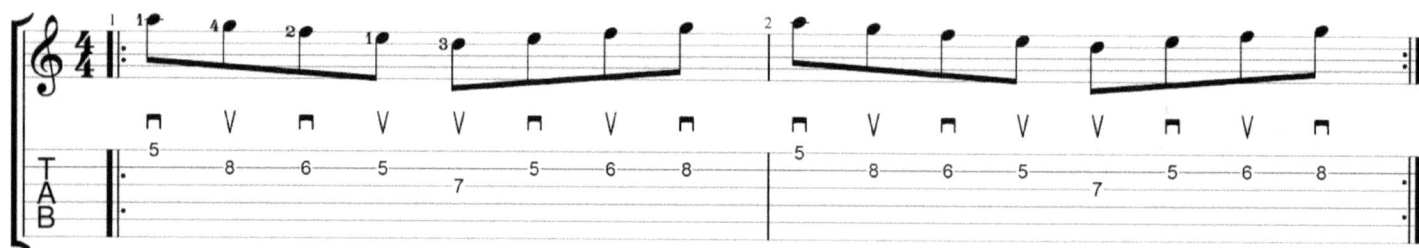

Unabhängig davon, ob du Wechsel- und Economy-Picking verwendest, beginne mit dem Durchspielen des vorherigen Beispiels bei 60 BPM, bis du die gesamte Schleife verinnerlicht hast. Höre dir den Klick sehr genau an, um sicherzustellen, dass du perfekt im Timing bist und dass du zwei Noten pro Klick spielst.

Wenn sich die Übung sicher anfühlt, erhöhe die Geschwindigkeit des Metronoms um 8 BPM und spiele weiter den Loop, ohne anzuhalten. Wenn du zuversichtlich bist, erhöhe die Geschwindigkeit wieder um 8 BPM und fahre auf diese Weise fort, bis du 120 BPM erreichst.

Wenn du die Übung bei 120 BPM flüssig in Schleife durchspielen kannst, reduziere die Metronomgeschwindigkeit auf 60 BPM und spiele *vier* Noten pro Klick und erhöhe die Geschwindigkeit schrittweise wieder auf 120 BPM in 4 BPM Schritten.

Während du diesen Prozess durchläufst, kannst du feststellen, dass du ein paar Knackpunkte oder Lernplateaus erreichst. Bevor du mit dem Kopf durch die Wand gehst, fahre dann lieber mit den Beispielen 5b und 5c fort, die dir helfen können, diese Lernmauer zu durchbrechen.

Die folgenden Beispiele sind mit Economy-Picking geschrieben, aber du kannst auch Wechselschläge spielen. Diese Übungen wurden entwickelt, um deine linke und rechte Hand zu koordinieren, solange jede Note sauber und präzise gespielt wird, ist deine Picking-Methode in diesem Stadium nicht so wichtig.

Beispiel 5b ist die gleiche Schleife wie die in Beispiel 5a, beginnt aber mit der zweiten Note der Phrase. Dies fühlt sich zunächst völlig anders an, wird aber die Koordination zwischen den Händen deutlich verbessern. Erhöhe die Geschwindigkeit auf die gleiche Weise wie zuvor.

Beispiel 5b:

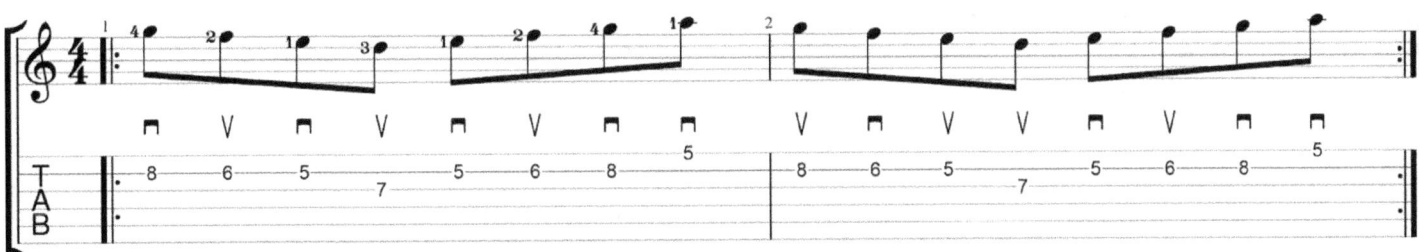

Beispiel 5c beginnt die Schleife auf der dritten Note der Sequenz. Auch dies wird sich anders anfühlen und deine Hände auf eine andere Weise trainieren.

Beispiel 5c:

Es gibt acht mögliche Startpunkte im vorherigen Übungssatz – einen für jede Note in der Sequenz. Arbeite sie alle durch und führe Buch über deine Fortschritte. Gib jedem eine gleiche Übungszeit und versuche, die Geschwindigkeit der acht verschiedenen Schleifen gleichmäßig aufzubauen. Übe die acht Loops jeden Tag und du wirst schnell eine enorme Verbesserung deiner Spieltechnik feststellen.

Die zuletzt geübte Schleife nutzte den ersten, zweiten und vierten Finger, weil es ein häufiges Muster ist, wenn man Melodien spielt. Aber um seine Koordination zu entwickeln, gibt es auch andere wichtige Schleifen, die man üben kann.

Die Beispiele 5d und 5e lehren die ersten beiden Sequenzen in einem Zirkel, der den ersten, dritten und vierten Finger fördert. Trainiere alle acht Startpunkte dieser Schleife wie bisher.

Beispiel 5d:

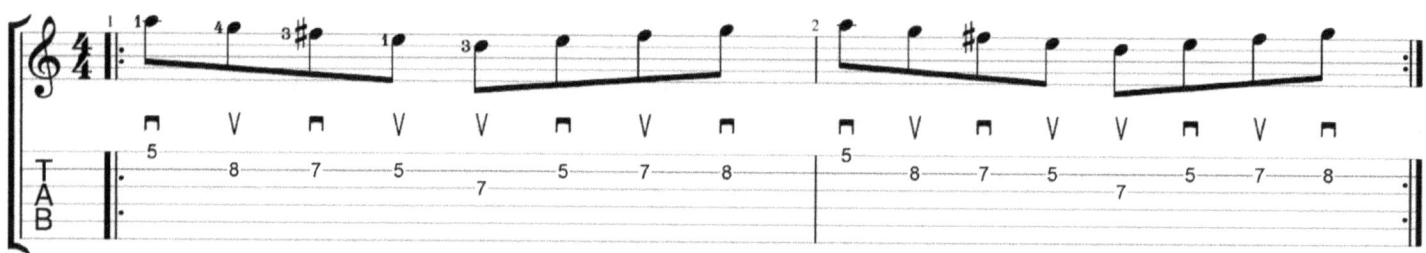

Beispiel 5e:

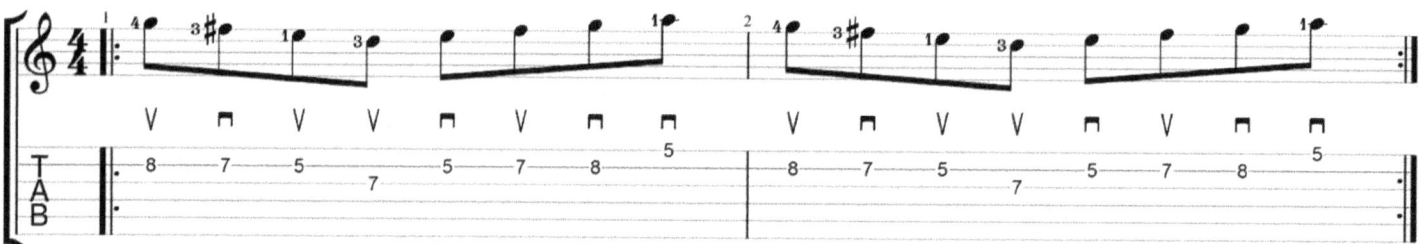

Die Beispiele 5f und 5g zeigen dir einen weiteren Zirkel für den ersten, zweiten und vierten Finger, der einen größeren Fingerabstand aufweist. Ich habe es höher auf dem Hals notiert, damit du deine Finger nicht zu sehr belastest. Dies ist ein weiteres extrem häufiges Fingermuster, das in vielen Melodien verwendet wird. Ich habe dir die ersten beiden Startpunkte gegeben, aber du solltest alle acht durcharbeiten, um deine Koordination zwischen linker und rechter Hand zu entwickeln.

Beispiel 5f:

Beispiel 5g:

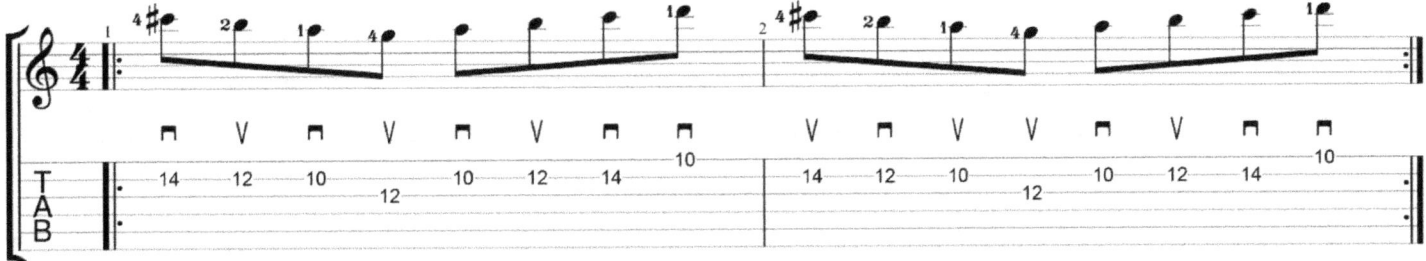

Beispiel 5h zeigt dir, wie du deine Finger koordinieren kannst, wenn du Triolen spielst. Verwende deinen ersten, zweiten und vierten Finger und stelle sicher, dass du die Geschwindigkeit des Metronoms über alle sechs Startpunkte hinweg schrittweise erhöhst.

Beispiel 5h:

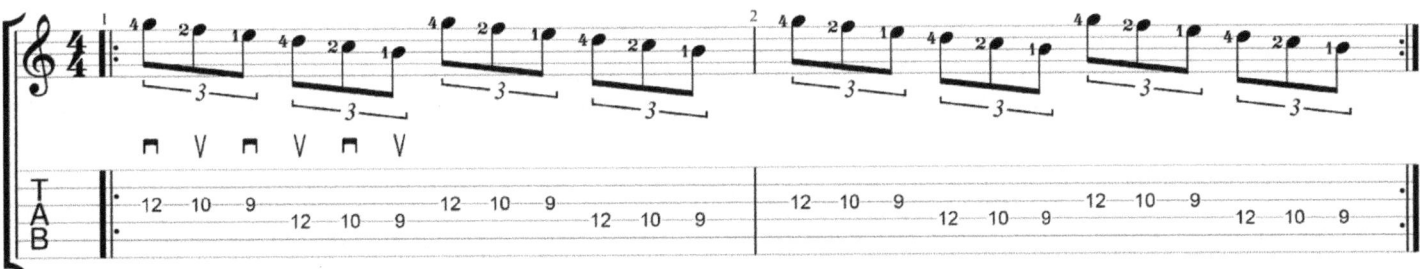

Das nächste Beispiel ist fast identisch mit dem vorherigen, aber verwende deinen dritten Finger anstelle deines zweiten. Es ist viel schwieriger als Beispiel 5h aufgrund der Kombination aus dem dritten und vierten Finger, also gehe es langsam an und arbeite die sechs Startpunkte schrittweise durch.

Beispiel 5i:

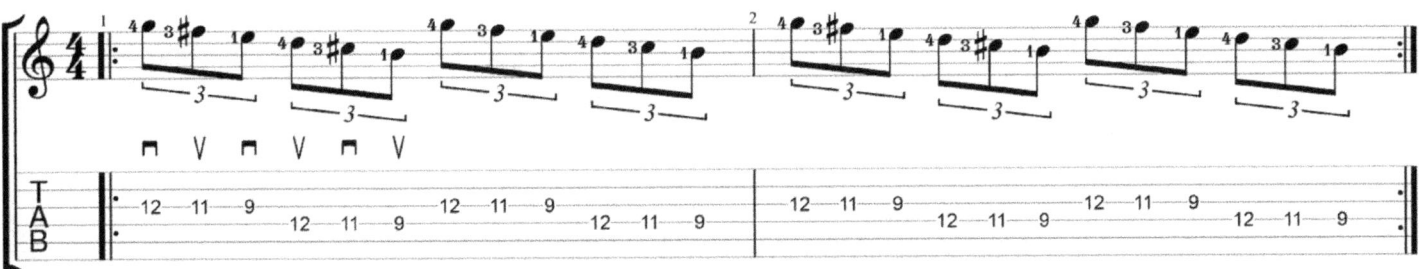

Beispiel 5j wiederholt die beiden vorherigen Triolen-Übungen mit der gespreizten Fingerform aus Beispiel 5f. Dies wird dich ziemlich schnell ermüden, also führe diese Reihe von Zirkeln schrittweise in deine Übungsroutine ein.

Beispiel 5j:

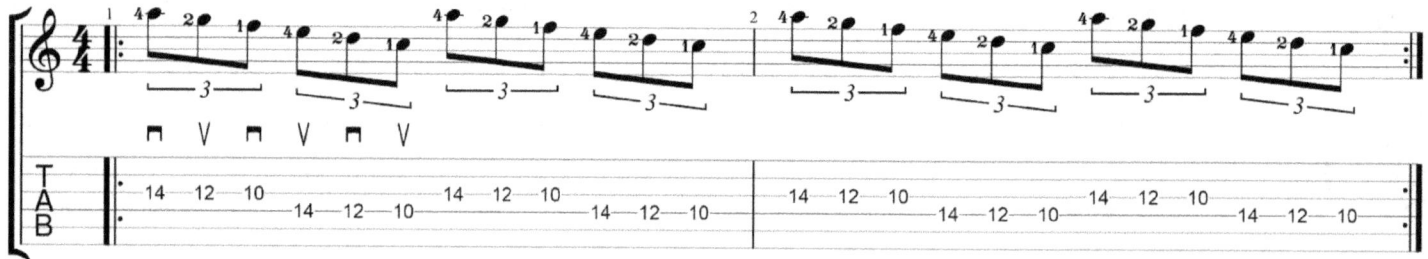

Alle bisherigen Übungen in diesem Kapitel werden deine Fingerkraft und -kontrolle stark erhöhen und die Koordination zwischen Schlagen und Greifen massiv verbessern. Arbeite konsequent daran und du wirst die Vorteile sehr schnell erkennen.

Es gibt ein Bonusbeispiel in diesem Kapitel und es ist eines, das deine Anschlagkontrolle wirklich einer Prüfung unterziehen wird!

Verwende die "Ein-Finger-pro-Bund"-Regel, um das folgende Beispiel zu spielen. Beginne mit dem ersten Finger auf dem ersten Bund der sechsten Saite, überspringe eine Saite und verwende deinen zweiten Finger auf dem zweiten Bund der vierten Saite.

Als nächstes benutze deinen dritten Finger auf dem dritten Bund der vierten Saite und überspringe dann eine Saite, um mit deinem vierten Finger den vierten Bund auf der ersten Saite zu spielen. Um umzukehren, drehe einfach deine Hand ein wenig, so dass dein erster Finger auf dem ersten Bund der ersten Saite beginnt. Wenn du zur sechsten Saite zurückkehrst, beginne die Übung erneut am zweiten Bund.

Aufgrund der Spreizung der Finger und der Saitensprünge ist dies eine wunderbare Übung, um die Koordination zu verbessern. Versuche sie mit Wechsel- und Economy-Picking.

Beispiel 5k:

Die Übungen in diesem Kapitel können sehr anspruchsvoll sein, da jede Schleife der Beginn von sechs oder acht verschiedenen Loops ist. Aber führe sie nach und nach in deine Übungsroutine ein, und du wirst schnell eine enorme Verbesserung der Klarheit, Geschmeidigkeit und Geschwindigkeit deines Spiels feststellen.

Kapitel Sechs: Einzelsaiten-Übungen

Eine Sache, die du in deiner Gitarrenkarriere entdecken wirst, ist, dass Gitarristen es mögen, alle ihre Skalen, Akkorde und Arpeggios in kleine „Boxen", also bestimmte Bereiche des Halses einzuteilen. In gewisser Weise macht das Sinn – die Gitarre kann ein sehr visuelles Instrument sein, wobei Skalen und Akkorde einfach transponiert werden können, indem man das gleiche Muster irgendwo anders am Hals spielt.

Eine Sache, die mir nach 30 Jahren des Spielens aufgefallen ist, ist jedoch, dass die melodischsten, kreativsten Gitarristen dazu neigen, vertikal quer über den Hals zu denken. Mit anderen Worten, sie „denken" *saitenübergreifend*, fast wie bei einer Klaviertastatur, und weniger horizontal entlang des Griffbrettes.

Leider wird das Gitarrespielen Anfängern nicht oft auf diese Weise beigebracht, also dachte ich, ich gebe dir einen Vorsprung und bringe dir ein paar technikfördernde Ideen bei, die musikalisch sind und Spaß machen. Du kannst sie sofort in deinem eigenen Spiel verwenden.

Wir bauen deine Technik natürlich im nächsten Kapitel mit standardisierten „Box"-Skalenübungen auf, aber zuerst wollen wir sehen, wie die Dur-Tonleiter entlang einer Saite angeordnet ist.

Spiele die folgende Idee mit einen Finger deiner Wahl. Du kannst wahlweise nur deinen ersten Finger oder eine beliebige Kombination aller vier Finger zusammen verwenden. Spiele die offene E-Saite, dann eine gegriffene Note der Skala, dann wieder die offene E-Saite, etc. Diese sich wiederholende Note wird als *Pedalton* bezeichnet.

Dieses Notenmuster bildet immer eine *Dur*-Tonleiter, wenn es entlang einer Saite gespielt wird. Merke dir das Muster, da es die häufigste Skala in der Musik ist. Da sie auf der E-Saite gespielt wird, ist dies die E-Dur-Skala.

Beispiel 6a:

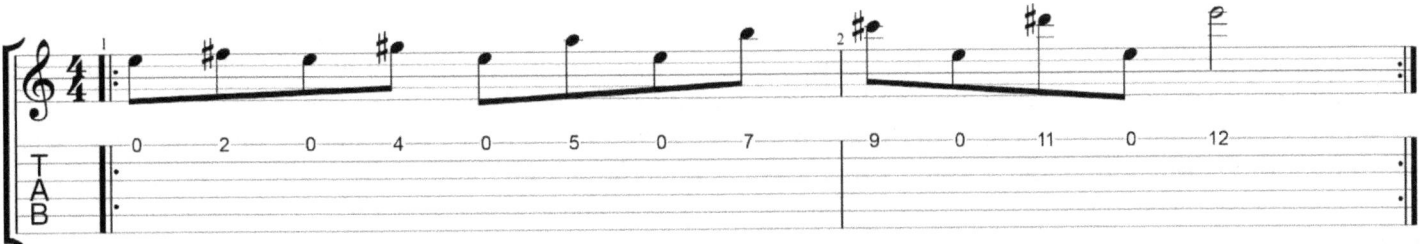

Versuche, das gleiche Muster auf der zweiten (B), dritten (G) und vierten (D) Saite zu spielen, um die B-, G- und D-Dur-Skalen zu bilden.

Jetzt spiele dieses Muster rückwärts. Schon diese einfache Übung wird dein Notenbewusstsein und dein Verständnis für die Gitarre entwickeln.

Probiere auch, verschiedene Griffkombinationen zu verwenden, bis du herausfindest, was für dich am bequemsten ist. Erkunde das Spielen der gegriffenen Noten in verschiedenen Anordnungen, um interessante Melodien zu erzeugen.

Beispiel 6b:

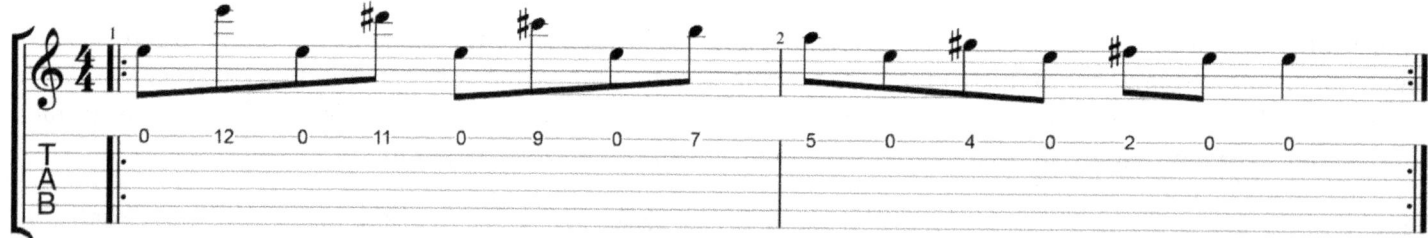

Beispiel 6c ist eine Erweiterung der beiden vorangegangenen Ideen und beinhaltet das Spielen eines absteigenden Musters, das jedoch allmählich über den Gitarrenhals ansteigt. Du kannst sehen, wie die in sich absteigende Melodie allmählich über die vier Takte in Gruppen von zwei Noten aufsteigt. Ich würde dies mit meinem dritten und ersten Finger für die Sprünge über zwei Bünde und meinen dritten und ersten Finger für die Sprünge über einen Bund spielen. Vielleicht bevorzugst du auch deinen dritten und zweiten Finger. Benutze einfach die Kombination, die du am bequemsten findest.

Beispiel 6c:

Hier ist die umgekehrte Version der vorherigen Übung. Aus irgendeinem Grund finden die meisten Leute dies viel schwieriger als die aufsteigende Version. Es ist eine großartige Möglichkeit, um zu testen, wie gut du dir die Skala gemerkt hast. Probiere all diese Übungen auf verschiedenen Saiten aus, da sie schwieriger sind, wenn sie auf den inneren Saiten gespielt werden, da du dann beim Picking viel genauer sein musst.

Beispiel 6d:

Das musikalische Symbol, um eine Note *zu betonen,* ist >. Für unsere Zwecke bedeutet es einfach „spiel die Note ein wenig härter". Akzente sind ein sehr wichtiger Teil der Phrasierung einer Melodie, da sie sich wie eine Interpunktion beim Schreiben verhalten.

In Beispiel 6e wirst du feststellen, dass viele Noten auf der offenen Saite gespielt werden. Diese können sich schnell falsch vermischen, wenn du nicht aufpasst. Die Akzente helfen, die Melodie in klaren Vierergruppen zu formulieren. Jeder aufsteigenden Note der Dur-Skala gehen zwei Schläge auf der offenen Saite voraus, gefolgt von einem Schlag auf einer offenen Saite, um so eine vierstimmige Phrase zu bilden. Das Problem mit solchen Licks ist, dass sie zwar supercool klingen, sich aber in Brei verwandeln können, wenn man mit seiner Artikulation nicht klar ist, und dem Zuhörer nicht hilft, die Melodie in Vierergruppen zu interpretieren. Deshalb ist ein wenig Schmackes auf der ersten Note der Phrase so wichtig.

Außerdem wird dein Zuhörer automatisch jedes Mal einen Akzent hören, wenn du eine gegriffene Note spielst, so dass du diese coole *polyrhythmische* Melodie bekommst, besonders wenn du schneller wirst. Später, in Kapitel elf, werden wir über Hammer-Ons und Pull-Offs sprechen. Dieser Gitarrenlauf ist ein interessanter Kandidat für diese fortgeschrittenen Techniken.

Beispiel 6e:

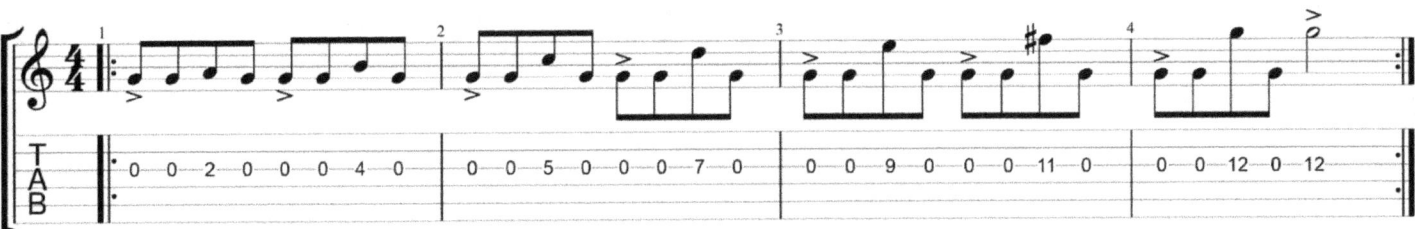

Als nächstes lernst du die umgekehrte Version der vorherigen Phrase. Auch hier wirst du sie wahrscheinlich schwieriger finden als die aufsteigende Version, aber bleib dran und präge dir das Muster ein. Bald wirst du wie Joe Satriani den Hals hinauf und hinunter fliegen. Vergiss nicht, all diese Beispiele auf verschiedenen Saiten zu spielen, um sie in verschiedenen Tonarten spielen zu können.

Beispiel 6f:

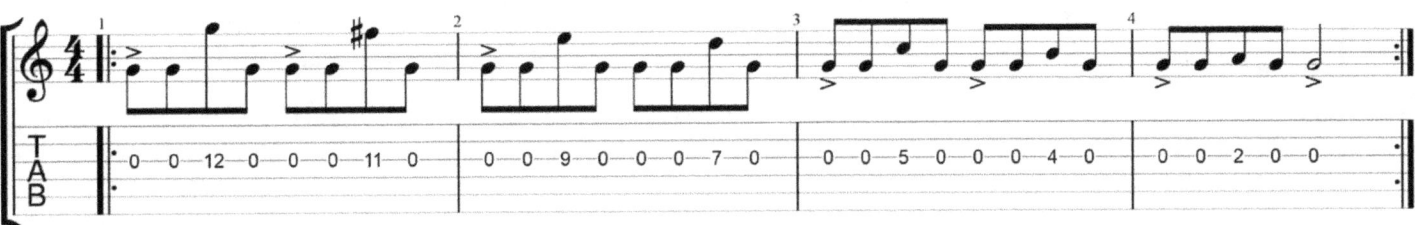

Beispiel 6g ist eine weitere „Aufsteigen beim Absteigen"-Idee. Die allgemeine melodische Form steigt ab, während man die zweite Saite empor erklimmt. Diese Ideen helfen dir, dir den Hals zu verinnerlichen und dein allgemeines geometrisches Bewusstsein für die Gitarre zu verbessern. Lerne dies langsam und beschleunige es allmählich, wie bereits beschrieben.

Beispiel 6g:

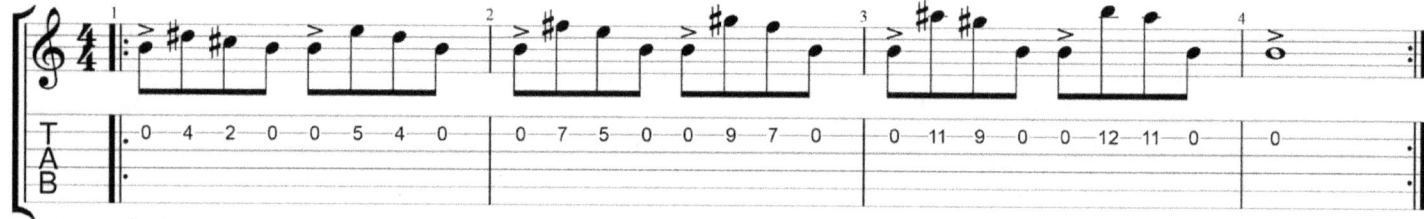

Auch hier ist es wichtig, diese Muster absteigend zu lernen. Diesmal steigt die Melodie an, während du allmählich in der Tonhöhe absteigst. Diese Linien funktionieren gut mit hoher Geschwindigkeit, also versuche, schneller zu werden und spiele Hammer-Ons, wenn du sie benötigst.

Beispiel 6h:

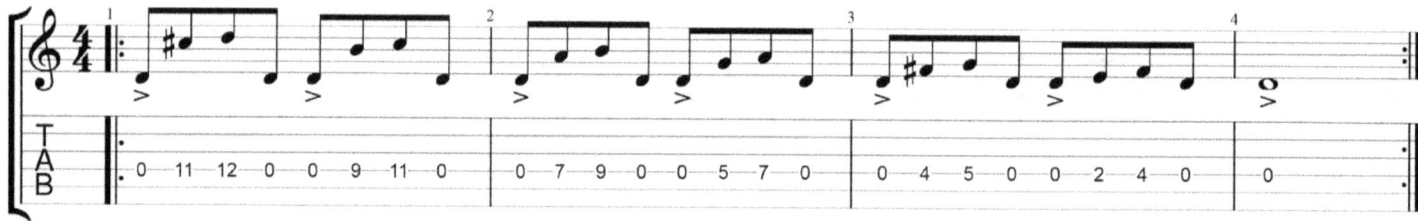

Beispiel 6i ist nicht ganz so aufregend, aber es ist perfekt, um dir zu helfen, deine Finger zu stärken. Ich bin normalerweise kein Fan von chromatischen Übungen, aber diese hilft dir wirklich, deine Finger zu stärken und zu koordinieren. Folge dem notierten Fingersatz vorsichtig und wechsle immer wieder zu deinem ersten Finger nach jedem Gebrauch des vierten Fingers.

Beispiel 6i

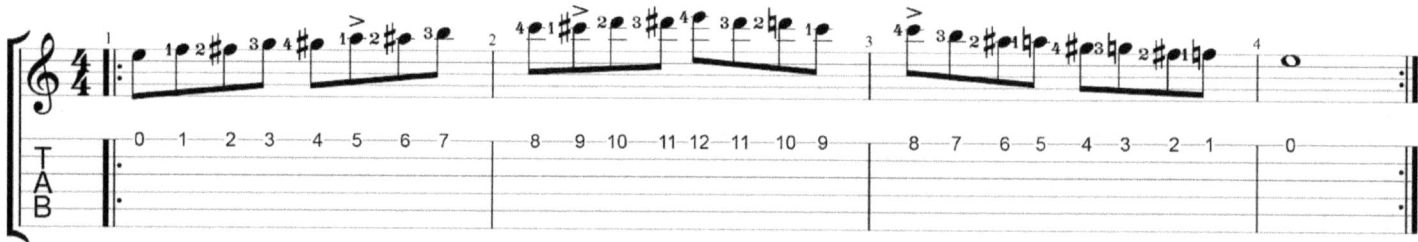

In Beispiel 6j steigst du mit einem kurzen melodischen Fragment schrittweise die E-Dur-Skala hoch. Die erste Note jeder kurzen Phrase sollte mit dem vierten Finger gespielt werden und du solltest nach Möglichkeit die "Ein-Finger-pro-Bund"-Regel verwenden. Diese Übung dreht sich komplett um das reibungslose Anschlagen und wird dir beibringen, durch die Dur-Tonleiter entlang einer Saite auf und ab zu springen. Nimm dich selbst beim Spielen auf und höre die Aufnahme an, um sicherzustellen, dass jede Note sauber, stark und im richtigen Timing ist. Lass jede Note schön klingend in die nächste fließen.

Spiele diese Idee rückwärts und lerne auch die absteigende Version.

Beispiel 6j:

Alle Übungen in diesem Kapitel sollten verinnerlicht und auf allen sechs Saiten gespielt werden, da jede Saite ihre eigenen Herausforderungen darstellt. Das Hauptproblem meiner Schüler ist, die Saiten, die nicht gespielt werden, stumm zu halten. Probiere ein wenig Verzerrung in deinem Verstärker, nachdem du dir eine Übung eingeprägt hast, und prüfe, ob unerwünschte Sounds von deinem Verstärker kommen. Um unbenutzte Saiten stumm zu halten, lege den Ballen deiner Schlaghand sachte auf alle unbenutzten Basssaiten und lasse die Unterseite der Finger der schlagenden Hand jene Saiten abdämpfen, die höher sind als die, die du gerade spielst.

Ich empfehle dir dringend, die Übungen in diesem Buch auch mal mit geschlossenen Augen zu spielen, da du schnell eine Zen-ähnliche Verbindung und ein Gefühl für die Gitarre entwickeln wirst und dein Selbstvertrauen sich massiv verbessern wird. Mache dir sich zunächst keine Sorgen um kleine Fehlschläge. Schließe einfach die Augen und vertraue deinen Ohren. Deine physische Verbindung zu deiner Gitarre wird sich schnell entwickeln und du wirst schnell ein besserer Musiker werden.

Kapitel Sieben: Übungen mit Mollpentatonik-Skalen

Seit fast 100 Jahren ist die mollpentatonische Skala *der* Klang von Blues und Rockgitarre. Die meisten Gitarrensoli, die du hörst, bestehen aus nur diesen fünf Noten, und es ist wichtig, dass du Kontrolle und Flüssigkeit aufbaust, damit du später fantastische Soli spielen kannst.

Wenn du Lust hast, Rock- und Blues-Soli zu spielen, empfehle ich dir dringend, so schnell wie möglich Bluesgitarren-Licks zu lernen, und wenn ich so frei sein darf, kann ich mein Buch **100 klassische Blues-Licks für Gitarre** empfehlen. Damit wirst du schnell verstehen, wie sich die musikalische Sprache der Gitarre entwickelt hat, und einige tolle Blues-Licks im Stil der besten Gitarristen der Welt lernen.

Die mollpentatonische Skala enthält nur fünf Töne und kann in der Tonart E in der *offenen Position* der Gitarre wie folgt gespielt werden. Es mag ungewöhnlich erscheinen, zunächst offene Saiten in dieser Skala zu verwenden, aber halte dich an die dargestellte Griffweise und du wirst in Nullkommanix das richtige Feeling entwickeln. Verwende deinen dritten Finger für die Töne im dritten Bund und deinen zweiten Finger für die Noten des zweiten Bundes. Spiele jeden Ton sauber aus und achte auf den Unterschied im Anschlagsgefühl einer offenen Saite und einer gegriffenen Note. Lasse jede Note nahtlos ineinander übergehen, wie du es auch auf der Audiospur hörst.

Beispiel 7a:

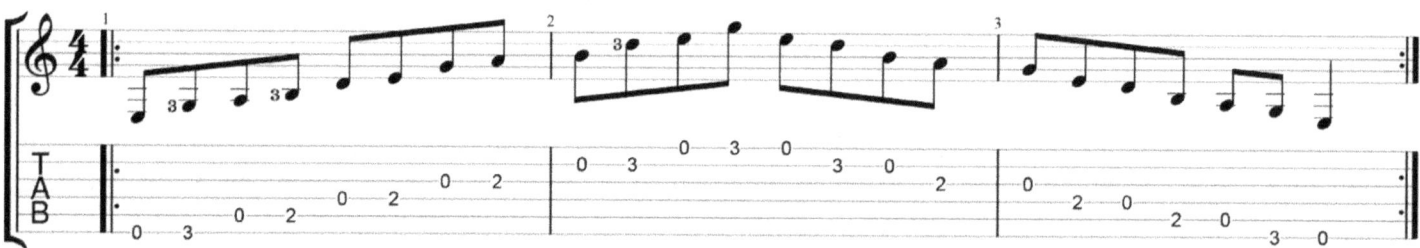

Obschon es wichtig ist, die offene Position des Fingersatzes der mollpentatonischen Skala zu kennen, spielt man sie meistens höher am Hals mit ausschließlich gegriffenen Noten. Hier folgt die Skala der a-Moll-Pentatonik. Benutze durchweg die "Ein-Finger-pro-Bund"-Regel. Beachte, wie sich das Muster der Noten mit dem vorherigen Beispiel gleicht: es wurde nur den Hals hochbewegt. Die Gitarre ist so cool - Akkorde und Skalen können oft am Hals bewegt werden, um sie ganz leicht in anderen Tonarten zu spielen.

Beispiel 7b:

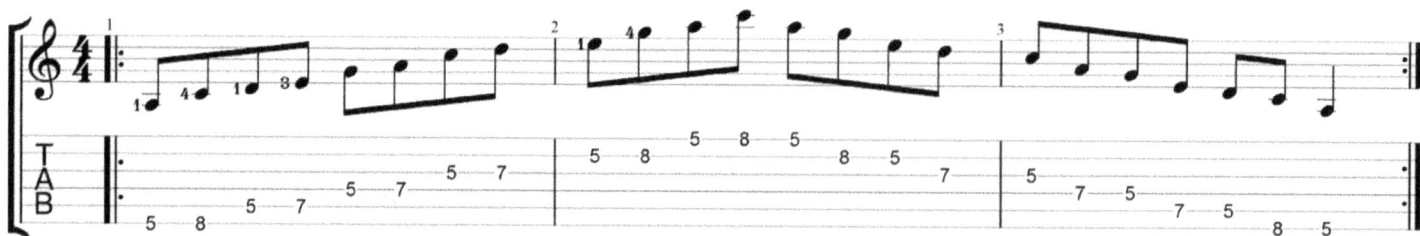

Hier ist die erste echte Übung mit der mollpentatonischen Skala. Benutze die "Ein-Finger-pro-Bund"-Regel und spiele über drei Saiten die Skala nach oben. Gehe eine Saite zurück, spiele danach weitere drei Saiten hoch und wiederhole diese Bewegung. Diese Art von Patterns sind enorm wichtig und wenn sie schnell gespielt werden, bilden sie einen großen Teil des Vokabulars vieler 80er Jahre Rocker wie Paul Gilbert. Du musst langsam anfangen, denn bei dieser Übung geht es darum, die a-Moll-Pentatonik reibungslos zu navigieren, und du solltest dich auf sauberes Fretting, reibungsloses Picking und einen guten, vollen Ton für jede Note konzentrieren.

Wenn du dir dieses Muster eingeprägt hast, arbeitest du mit einem Metronom, um es zu beschleunigen. Wenn du Kapitel elf durchgearbeitet hast, kannst du hierher zurückkehren, um alle Legato-Techniken anzuwenden, die du gelernt hast!

Dein vierter Finger wird wahrscheinlich das schwächste Glied in dieser Übung sein, also stelle sicher, dass jede Note, die er spielt, so stark ist wie die anderen.

Beispiel 7c:

Beispiel 7d zeigt dir ein gängiges Triolen-Muster, das drei Töne lang die Skala aufsteigt und sodann einen Ton hinab. Akzentuiere je den ersten von den drei Tönen und konzentriere dich darauf, die ungespielten Saiten stumm zu halten, indem du eine gute Abdämpfung mit deiner Schlaghand vornimmst.

Beispiel 7d:

Das nächste Beispiel lehrt dich, vorauszudenken, da das Muster in der Mitte der Skala beginnt und um vier Noten absteigt. Jeder Vier-Noten-Phrasen folgt ein melodischer Aufstieg, bei dem eine Seite übersprungen wird, so dass du bei dem Picking genau sein musst.

Beispiel 7e:

Eine Möglichkeit, musikalische Phrasen interessant zu machen, besteht darin, *gegenrhythmische* Muster zu erzeugen. In Beispiel 7f wird der Rhythmus in Zweiernoten phrasiert (die 1/8.-Noten), die Melodie jedoch geht in Dreiernoten abwärts, um ein „Drei gegen Zwei" Gefühl zu erzeugen. Dies ist eine wunderbare Übung, denn sie entwickelt nicht nur dein Wissen und deine Skills um die mollpentatonische Skala, sondern lehrt auch deine Ohren, neue melodische Ideen zu erkennen und in deinen Solos anzuwenden.

Beispiel 7f:

Hier ist die aufsteigende Version des vorherigen Beispiels. Obwohl ich gerne vorschlage, all diese Beispiele mit einem Finger pro Bund zu lernen, versuche doch auch mal zwischendurch, das Ganze z.B. nur mit dem ersten und dritten Finger zu spielen.

Beispiel 7g:

Die Bezeichnung für den Abstand verschiedener Töne in der Musik lautet *Intervall*. Als nächstes kommt hier eine mollpentatonische Skala, die in Quarten gespielt wird. Wie du sehen wirst, wird jede Note auf einer benachbarten Saite gespielt, so dass du in diesem Beispiel lernen wirst, deinen ersten, dritten und vierten Finger über zwei Saiten zu rollen.

Verwende deinen ersten Finger, um alle 5 - 5 Bewegungen zu spielen, deinen dritten Finger, um alle 7 - 7 Bewegungen zu spielen, und deinen vierten Finger, um alle 8 - 8 Bewegungen zu spielen. Verwende deinen dritten und vierten Finger, um die Noten im zweiten Schlag von Takt eins zu spielen.

Das Spielen in Quarten erzeugt einen ungewöhnlichen, kantigen Klang, und du musst den Druck des Fingers von der tieferen zur höheren Saite übernehmen, um die zweite Note zu spielen und die erste subtil zu dämpfen. Es ist eine großartige Übung, da diese Technik oft beim Solospiel benötigt wird.

Beispiel 7h:

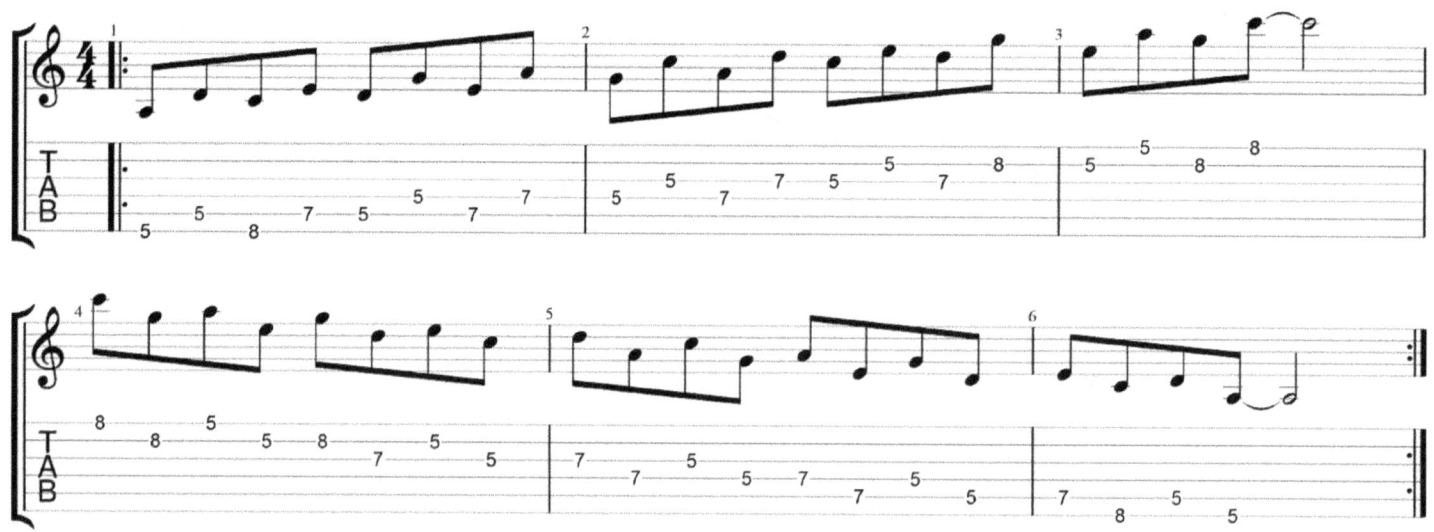

Beispiel 7i ist eine Weiterentwicklung des vorherigen Beispiels. Rolle mit dem ersten Finger über die Saiten, gehe eine Note nach oben und rolle dann zurück zur ursprünglichen Saite. Die einzige Ausnahme von dieser Bewegung ist gleich im ersten Takt zwischen dem 7. und 8. Bund, wo du wieder deinen dritten und vierten Finger verwendest.

Beispiel 7i:

Beispiel 7j ist ziemlich anstrengend und du solltest es langsam angehen, bevor du die Geschwindigkeit erhöhen kannst. Es ist eine weitere gegenrhythmische Idee, die ein Vier gegen Drei Gefühl in der Melodie bildet, während sie langsam die Skala aufsteigt. Diese Übung lehrt dich, mehr als nur ein paar Noten voraus zu denken und zu „hören". Es ist wichtig, dass du das Audio anhörst, um die musikalische Wirkung dieses Licks vollständig zu erfassen, bevor du es lernst. Dies ist hilfreich, damit du weißt, wie du die Phrase betonen kannst. Sobald du es drauf hast, macht es viel Spaß, schnell zu spielen und du wirst es immer wieder benutzen!

Beispiel 7j:

Jede Übung in diesem Kapitel kann auf dem Griffbrett „verschoben" werden. Du kannst mit verschiedenen Startbünden beginnen, um die Übungen in unterschiedlichen Tonarten zu spielen. Jedes Beispiel ist am fünften Bund in der Tonart A geschrieben, aber versuche, sie auch auf den dritten Bund (G), den 10. Bund (D) oder den 14. Bund (F#) zu verschieben. Wenn sich der Abstand zwischen den Bünden ändert, wirst du neue Herausforderungen zu meistern haben. Denke daran, langsam und kontinuierlich kommst du ans Ziel.

Das ultimative Ziel ist es, diese Übungen in der Musik, die du spielst, zu verwenden. Schnapp dir also einige Backing-Tracks und probier aus, wie du diese Muster verwenden kannst, um deine ganz persönlichen Melodien zu kreieren.

Kapitel Acht: Übungen mit Dur-Skalen

Die Dur-Tonleiter ist fast so wichtig wie die Moll-Pentatonik, wenn es darum geht, Melodien zu schreiben und Soli zu spielen. Fast jeder Akkord, den du spielen wirst, ist aus Noten der Dur-Tonleiter aufgebaut, so dass es sich lohnt, sie von Grund auf zu kennen. Die Übungen in diesem Kapitel werden dir einige der wichtigsten Griffe der Dur-Tonleiter beibringen und dir zeigen, wie du melodische Ideen kreieren kannst, während du deine Technik und Fingerfertigkeit ausbaust.

Wir werden die Dur-Tonleiter in der Tonart G lernen, weil diese Tonart gut auf der Gitarre positioniert ist. Genau wie Barré-Akkorde und die pentatonische Tonleiter kann diese Skala auf und ab bewegt werden, um sie in verschiedenen Tonarten zu spielen.

Beginne, indem du die G-Dur-Skala ab dem dritten Bund spielst. Verwende die "Ein-Finger-pro-Bund"- Regel und spiele die erste Note mit dem zweiten Finger.

Beispiel 8a:

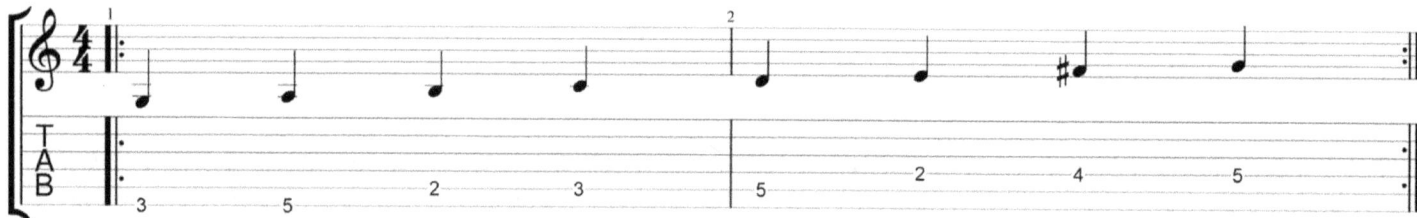

Beispiel 8a lehrte dich eine wichtige Position der Skala, und du wirst diese Form gelegentlich in deinem Spiel verwenden. Die Skala ist jedoch nützlicher, wenn sie in einem höheren *Register* gespielt wird. In Beispiel 8b spielst du wieder in G-Dur, diesmal in der oberen Oktave. Beginne wieder mit dem zweiten Finger und steige diesmal nach oben, anschließend die Skala hinab. Stelle dein Metronom auf 60 BPM ein und spiele eine Note pro Klick, bevor du die Geschwindigkeit des Metronoms schrittweise erhöhst.

Beispiel 8b:

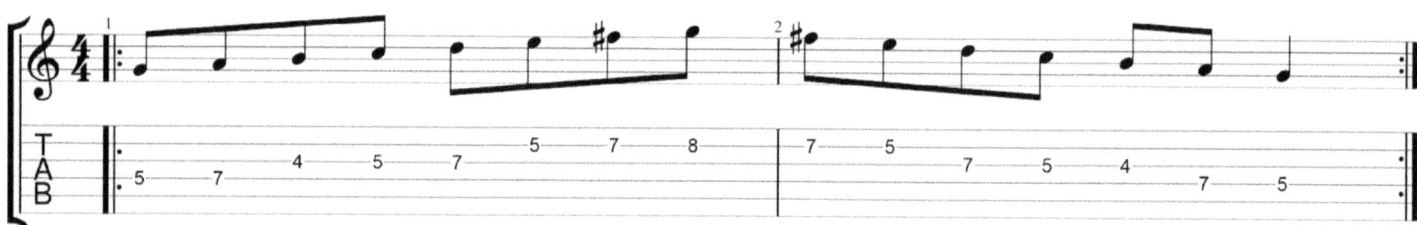

Das nächste Beispiel stellt ein gängiges Triolenmuster vor. Die Idee ist es, drei Noten in der Tonleiter aufzusteigen, dann eine Note nach unten zu gehen und wieder drei Noten lang aufzusteigen. Du wirst dieses melodische Muster schon oft im Fernsehen und im Radio gehört haben, daher ist es ein wichtiger Lauf, den du können solltest.

Stelle dein Metronom auf 50 BPM und spiele drei Noten pro Klick, wenn es geht. Wenn du Probleme hast, versuche, das Metronom auf 100 BPM zu beschleunigen und eine Note pro Klick zu spielen. Erhöhe die Geschwindigkeit allmählich, wenn du sicher bist, dass du die Übung ohne Fehler spielen kannst. Diese Übungen sind ideal, um deinen Fingern beizubringen, die Musik zu spielen, die du in deinem Kopf hörst, während die Finger versuchen, die Melodienoten schnell und präzise zu finden.

Beispiel 8c:

In Beispiel 8d steigst du vier Noten auf, bevor du zur zweiten Note der Phrase zurückspringst und wieder vier Noten aufsteigst. Solche Muster entwickeln schnell deine Fingerkoordination und bauen Kraft und Geschicklichkeit auf. Beachte, dass es viel länger dauert, die Skala zu erklimmen, wenn du sequentielle Muster wie dieses spielst. Sie sind eine großartige Möglichkeit, die Melodie einer Phrase zu verlängern.

Beispiel 8d:

Hier ist die absteigende Version von Beispiel 8d. Es gibt einen kniffligen Moment in Takt 1, wo du deinen dritten Finger über den 7. Bund rollen müsst, um die Melodie reibungslos zu spielen. Es gibt auch einen absteigenden Slide in Takt zwei für deinen ersten Finger, die dir hilft, in Position zu bleiben.

Beispiel 8e:

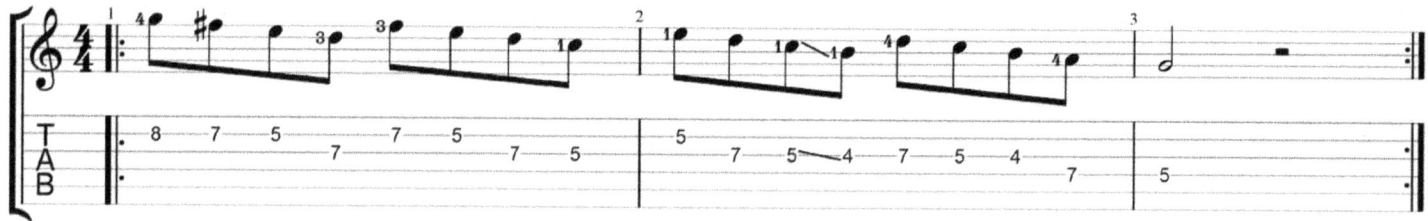

Ein *Intervall* ist ein melodischer Sprung in der Musik. Drei Noten hochzuspringen bildet eine *Terz*, vier Noten bilden eine *Quarte*. In Beispiel 8f steigst du die G-Dur-Skala in Terzen auf, indem du drei Töne springst, zu der zweiten Note absteigst, die du übersprungen hast, und dann wieder eine Terz aufwärts springst. Dies ist eine starke melodische Idee und wird dir helfen, deine Gewandtheit und dein Verständnis der Skala zu entwickeln, denn du musst dir überlegen, wo die Sprünge sind, bevor du sie spielen kannst.

Beispiel 8f:

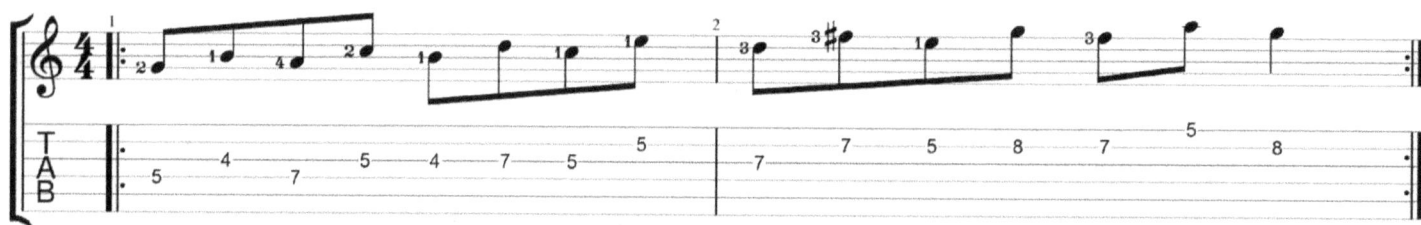

Die umgekehrte Version des vorherigen Beispiels ist wieder einmal etwas schwieriger, da der „Roll" über die Noten im 7. Bund technisch anspruchsvoll ist. Folge dem Fingersatz in der Notation aufmerksam und beginne langsam. Du kannst immer dann Geschwindigkeit aufbauen, wenn es mit der Genauigkeit hinhaut.

Beispiel 8g:

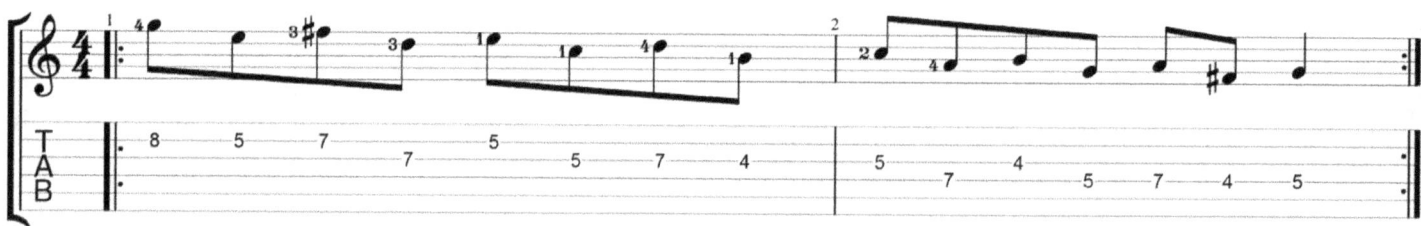

Beispiel 8h führt einen Intervallsprung von einer Quinte am Ende eines absteigenden, vierstimmigen Skalenfragments ein und erzeugt den Effekt des melodischen Aufsteigens beim Spielen einer absteigenden Phrase. Diese Linie ist ziemlich knifflig, also bleib schön cool und stelle sicher, dass du den Klang des Musters in deinen Ohren hast, bevor du schneller wirst. Diese Muster waren ein Standardelement der 80er Jahre Shred-Gitarrengeneration und wurden oft mit halsbrecherischer Geschwindigkeit gespielt.

Hier ist die absteigende Version des vorherigen Beispiels. Es erzeugt ein Gefühl des Absteigens in der Tonhöhe, obwohl die Noten der Tonleiter aufsteigend sind. Auch hier wird dich der Sprung der Quinte herausfordern, aber du wirst schnell lernen, wie du langweiligen Skalen so interessante melodische Sprünge hinzufügen kannst.

Beispiel 8i:

Abschließend habe ich hier noch einen Lick, der in Intervallen einer *Quarte* gespielt wird. Da die Gitarre hauptsächlich in Quarten gestimmt ist, sind viele der Noten in der Phrase auf benachbarten Saiten, und das wird dir beibringen, deine Finger über die Saiten zu rollen, um klare, separate Noten zu erzeugen. Versuche, die erste Note in jedem Paar ausklingen zu lassen, bis du die zweite spielst. Achte darauf, dass sie nicht gleichzeitig klingen.

Da die zweite und dritte Saite zueinander in einer Terz gestimmt sind, wird der Griffsatz hier etwas nervig, aber ich habe diese Übung bewusst mit aufgenommen, um dich ein wenig zu fordern. Folge dem geschriebenen Fingersatz sorgfältig, konzentriere dich auf klare Töne und halte alle unbenutzten Saiten gedämpft.

Quarten sind ein moderner, kantiger Klang und, wie bei Terzen und Quinten, werden sie dir beibringen, auf neue kreative Weise durch die Skala zu navigieren. Es ist üblich, dass Anfänger-Gitarristen viele vereinfachte Skalenideen spielen, wenn sie zum ersten Mal Melodien spielen. Wenn du in Intervallsprünge einbauen kannst, bist du dem Ganzen schon einen Schritt voraus.

Beispiel 8j:

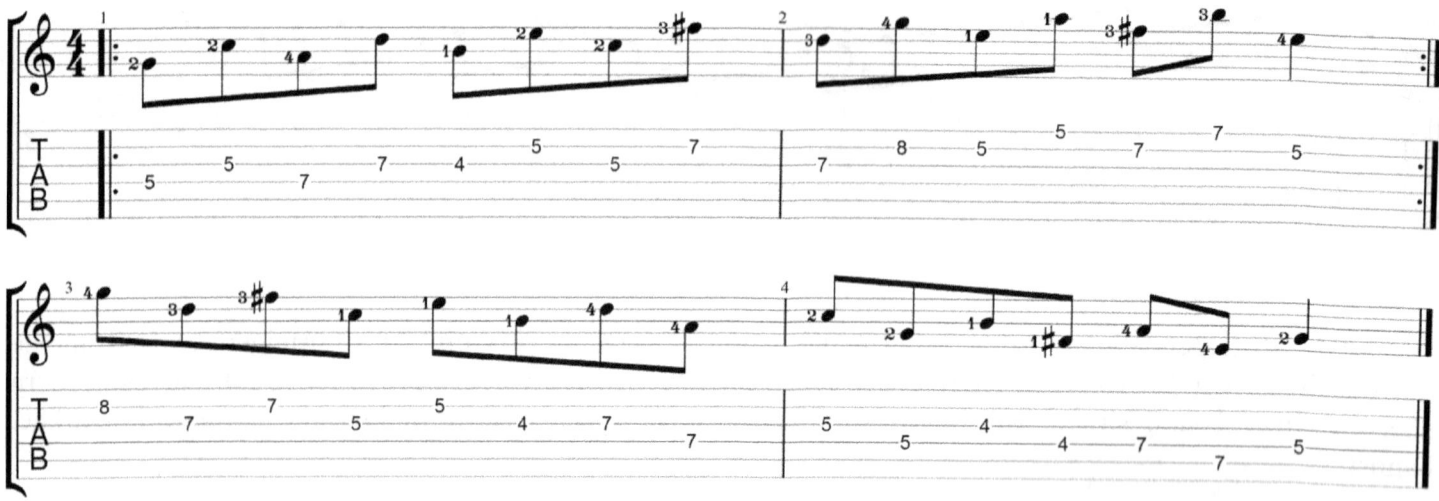

Genauigkeit ist in diesem Kapitel angesagt. Stelle sicher, dass du jede Übung perfekt spielen kannst, bevor du versuchst, sie zu beschleunigen.

Im nächsten Kapitel werden wir eine Pause vom Spielen von Einzelnoten machen und uns darin üben, deinen Rhythmus und das Spielen von Akkorden zu verbessern.

Kapitel Neun: Anschlagtechniken

Ich mache allen meinen Privatschülern klar, dass ich kein Lehrer bin, der zuerst Theorie durchkaut. Ich bevorzuge es, mich an die Arbeit zu machen und sie so schnell wie möglich Musik machen zu lassen. Die einzige Ausnahme davon ist die Art und Weise, wie ich Rhythmus und Schlagtechniken lehre.

Deine Schlaghand (normalerweise die rechte, wenn du Rechtshänder bist) hat nur zwei sinnbringende Richtungen, um die Saiten zu treffen: *auf* und *ab*. Wenn du verstehst, warum bestimmte Schlagtechniken *Auf* und andere *Ab* sind, baust du eine grundlegende Sicherheit mit Rhythmen auf. Wenn du die folgende Methode praktizierst, wirst du dich ziemlich bald nicht mehr fragen, wie du einen Rhythmus spielen kannst. Du wirst es einfach hören und es sofort und unbewusst replizieren.

Wenn wir über den Rhythmus in der Musik sprechen, ist das, was wir im Wesentlichen tun, ein Lied in kleine Stücke zu zerlegen. Dieser Song kann ein 3-minütiger Beatles-Song oder eine 17-minütige Rachmaninov-Sinfonie sein. So oder so, wir arrangieren die Rhythmusstücke immer gleich.

Möglicherweise hast du die Wörter *Takte* und *Schläge* schon einmal gehört. Ein Schlag ist ein Puls eines Songs: die Distanz von einem Klick zum nächsten auf deinem Metronom. Betrachte den Schlag als ein einsilbiges Wort.

Ein Schlag eines Musikstücks sieht so aus:

♩

Diese Note wird als **„Viertelnote"** bezeichnet, da du vier davon in einen Takt einfügen kannst, d.h. vier 1/4-Noten = 1 Takt.

Ein Takt ist ein *Behälter* für die Schläge, und darin werden wir normalerweise vier Schläge in jedem Takt haben**.** Ein leerer Takt sieht so aus:

Das 4/4 am Anfang sagt uns, dass es 4 Schläge in dem Takt gibt.

Wenn wir den Takt mit Viertelnoten füllen, sieht er so aus:

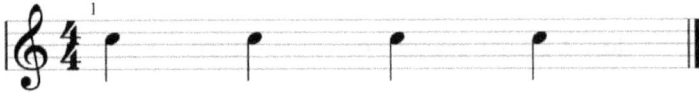

Das ist eine ganze Menge Vorgeplänkel, um zu einer sehr einfachen Regel zu gelangen:

Jedes Mal, wenn du eine ♩ siehst, spielst du einen Abschlag.

Abschläge sind immer auf dem Schlag, also wenn du wie in den vorherigen Kapiteln 1, 2, 3, 4 zählst, dann schlägst du jedes Mal, wenn du eine Zahl sagst, auf der Gitarre nach unten.

Sehe und höre dir **Beispiel 9a** an:

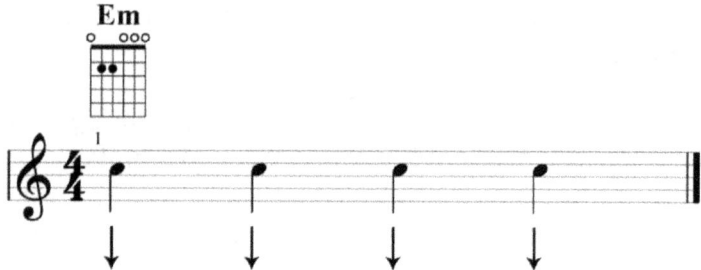

Stelle dein Metronom auf 60 Schläge pro Minute ein und spiele dann bei jedem Klick einen Abschlag, während du den Akkord e-Moll greifst.

Versuche die gleiche Übung mit a-Moll:

Beispiel 9b:

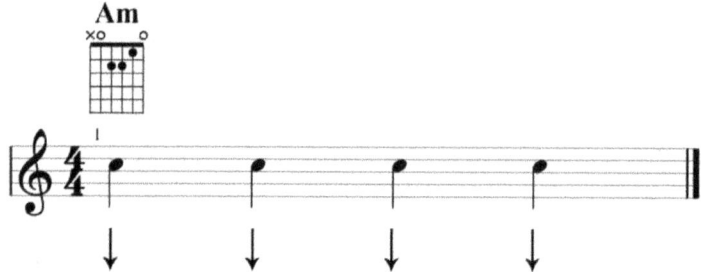

Obwohl dies eine großartige Methode ist, um einen guten soliden Rhythmus zu entwickeln, wäre die Musik extrem langweilig, wenn alle unsere Rhythmen so klängen.

Eine Möglichkeit, ein wenig mehr Abwechslung hinzuzufügen, ist die Verdoppelung jeder Viertelnote (1/4). Stelle dir vor, jede 1/4-Note in Hälften zu teilen. Dies gibt uns 8 Noten im Takt, und diese werden *1/8* oder *Achtel* genannt.

Alleinstehend sieht eine 1/8-Note so aus:

Aber wenn wir zwei von ihnen nebeneinander stellen, verbinden wir ihre Fähnchen zu Balken:

Mit anderen Worten, anstatt zwei 1/8-Noten so zu schreiben:

würde man sie immer so geschrieben sehen:

Du kannst sehen, dass zwei 1/8-Noten die gleiche Zeitdauer in Anspruch nehmen wie eine 1/4-Note. Also....

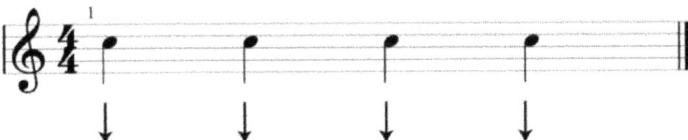

benötigt die gleiche Zeit zum Spielen wie,

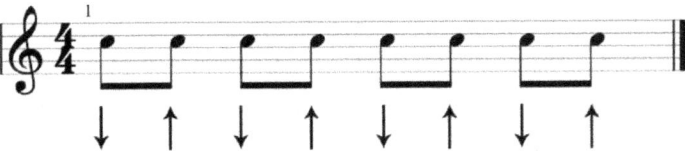

Das war es aber jetzt an Mathematik, versprochen!

Wie du im vorherigen Beispiel sehen kannst, ist unser Abschlag beim Spielen von 1/8-Tönen noch genau an der gleichen Stelle. Alles, was wir tun müssen, ist, einen Aufschlag dazwischen zu quetschen. Dieser Aufschlag sollte *genau* in der Mitte zwischen den Abschlägen sein.

Auf dem Papier sieht es so aus:

Beispiel 9c:

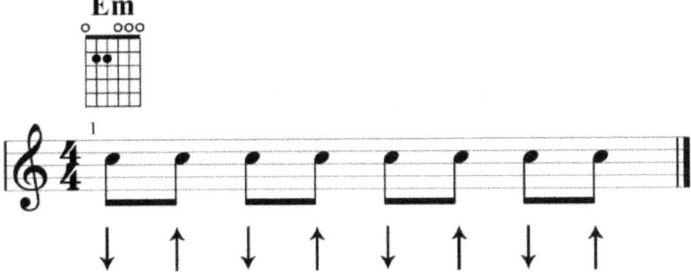

Stelle dein Metronom auf 60 Schläge pro Minute ein und beginne damit, bei jedem Klick nur einen Abschlag zu spielen. Wenn du bereit bist, füge Aufschläge in der Mitte jedes Abschlags hinzu. Zähle laut ,1 und 2 und 3 und 4 und ,, etc.

Höre das Audiobeispiel an, um dir eine Vorstellung davon zu machen.

Versuche die gleiche Idee mit anderen Akkorden wie D-Dur, wie im Beispiel unten gezeigt.

Beispiel 9d:

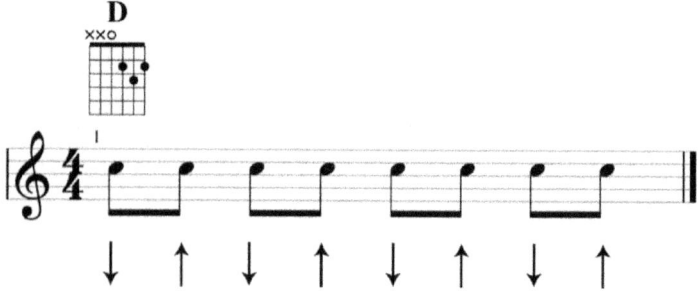

Obwohl wir unser Spiel durch weitere Schläge interessanter gemacht haben, wäre die Musik sehr repetitiv, wenn dies der einzige Rhythmus wäre, den wir jemals spielen würden. Um weitere Abwechslung zu schaffen, lernen wir, 1/4-Noten und 1/8-Noten zu kombinieren.

Siehe **Beispiel 9e:**

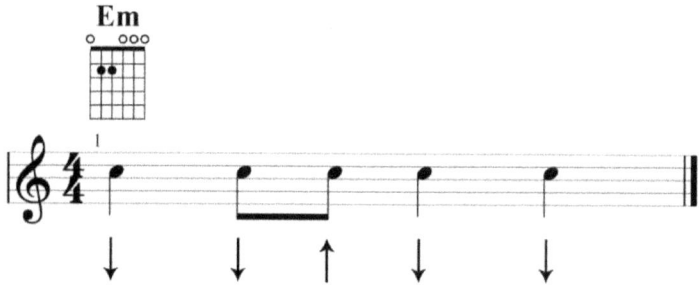

Schlag 1 ist ein Abschlag, **Schlag 2** ist ein Abschlag und Aufschlag, **Schlag 3** ist ein Abschlag, ebenso wie **Schlag 4.**

Bevor du spielst, stelle das Metronom auf 60 BPM und sage es laut:

Eins. Zwei und drei. Vier. Ab. Ab-Auf. Ab. Ab.

Sag es im Timing, rhythmisch und selbstbewusst. Den Rhythmus laut zu sagen, hilft deinem Gehirn wirklich, zu verarbeiten, was es tun muss, um den Rhythmus rechtzeitig zu spielen.

Wenn du bereit bist, spiele den Rhythmus ebenso selbstbewusst. Mach dir keine Sorgen über Scheppern deiner Griffhand. Ignoriere sie - wir konzentrieren uns nur auf das Anschlagen.

Wenn du mit dem obigen Beispiel zufrieden bist, versuche die nächste Idee.

Beispiel 9f:

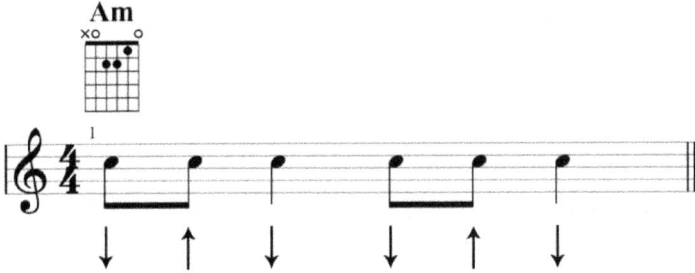

Sprich laut „*Eins und zwei. Drei und Vier. Ab Auf Ab. Ab Auf Ab.*"

Wenn es hilft, kannst du vielleicht an *jin gle bells jin gle bells* denken.

Während eines jeden Rhythmus, den du auf der Gitarre spielst, hört die schlagende Hand nie auf, sich zu bewegen. Sie bewegt sich ständig auf und ab. Abwärtsbewegungen sind auf den Schlägen, Aufwärtsbewegungen sind zwischen den Schlägen. Das hält dich im Rhythmus, wie ein kleiner eingebauter Dirigent. Um Rhythmen zu erzeugen, müssen wir lediglich manchmal die Saiten anschlagen und manchmal nicht.

Hier sind einige andere Rhythmen zum Üben:

Beispiel 9g:

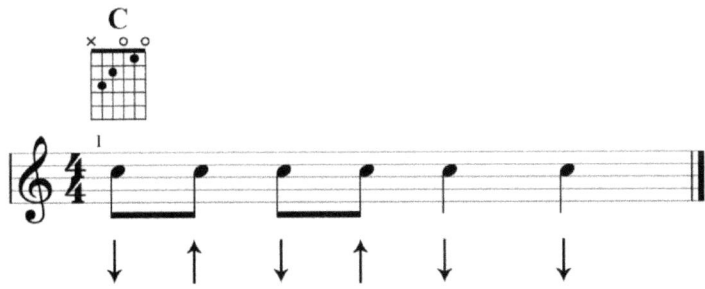

Ab-Auf Ab-Auf Ab. Ab.

Beispiel 9h:

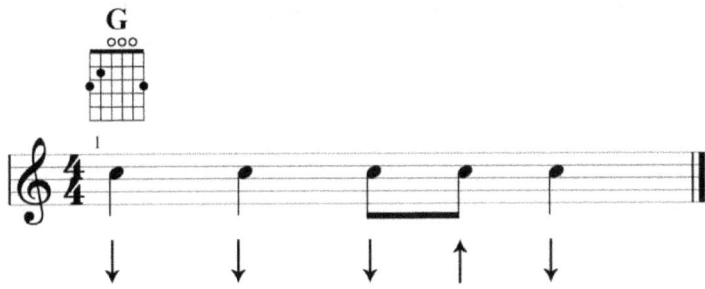

Ab. Ab. Ab-Auf. Ab.

Denke bei jedem Rhythmus daran, deine Schlaghand die ganze Zeit nach unten und oben zu bewegen. Um eine 1/4-Note zu spielen, schlage die Gitarre zu dem Aufschlag einfach nicht an.

Weitere, interessante Rhythmen

Die einfachste und gebräuchlichste Art, deinem Rhythmusspiel Energie zu verleihen, besteht darin, das Spielen einiger Abschläge auszulassen. Um dir diese Idee beizubringen, müssen wir ein neues musikalisches Symbol einführen. Es ist eine *1/8-Notenpause* und sieht so aus: ⁷

Diese Pause bedeutet einfach *Stille* oder „nicht anschlagen". Sie wird immer in Kombination mit einer angeschlagenen Achtelnote zu sehen sein, so dass sich diese zusammen zu einem Schlag addieren: ⁷ ♪

Vorhin, als wir den Rhythmus ♫ spielten, war das Strumming-Pattern *Ab Auf*. Mit dem Rhythmus ⁷ ♪ *lassen wir den Abschlag aus, spielen* aber *trotzdem den Aufschlag*.

Um dies zu erleichtern, bewege immer die Schlaghand, als ob du den Abschlag spielen würdest, aber *triff einfach nicht die Saiten*. So bleibst du immer im Takt.

Mit anderen Worten, die Schlaghand geht ständig auf und ab, *nimmt* aber *keinen Kontakt* zu den Saiten auf dem Abschlag auf. Dies wird in der folgenden Notation durch den grauen Pfeil dargestellt.

Um diese Idee zu verinnerlichen, schau dir folgendes an.

Beispiel 9i:

Sag es laut: „Ab. Ab. Weg Auf Ab".

Als nächstes versuche, einen e-Moll-Akkord zu greifen, während du diesen Rhythmus spielst. Denke daran, die Schlaghand ständig in Bewegung zu halten, „verpasse" die Saiten auf dem Abschlag von Schlag 3, aber spiele sie auf dem Aufschlag von Schlag „3 und".

Das ist zunächst knifflig, aber unglaublich wichtig.

Sobald deine Finger das können, versuche den nächsten Rhythmus:

Beispiel 9j:

Ab. Ab Auf Weg Auf Ab.

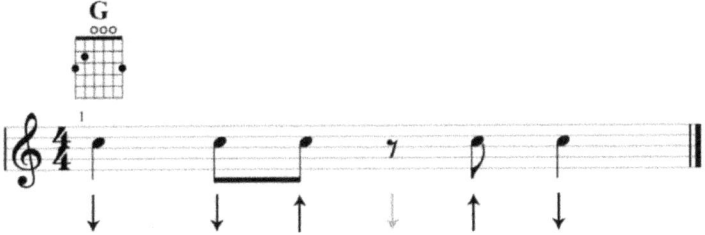

Dann spiele das:

Beispiel 9k:

Ab. Weg Auf Weg Auf Ab.

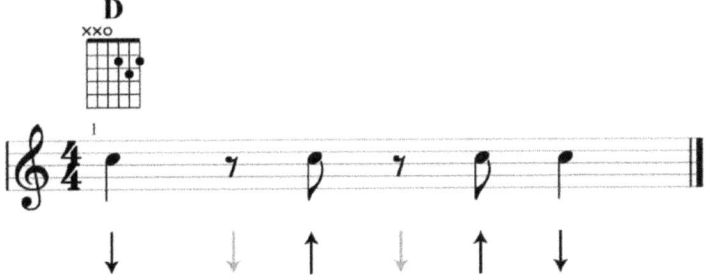

Wenn du dich daran gewöhnt hast, einen Abschlag zu „verpassen", übertrage diese Rhythmen auf einige der Akkordwechsel aus den ersten Kapiteln. Es ist nicht notwendig, die Aufgaben für beide Hände gleichzeitig zu erschweren.

Versuche Folgendes mit 60 Schlägen pro Minute.

Beispiel 9l:

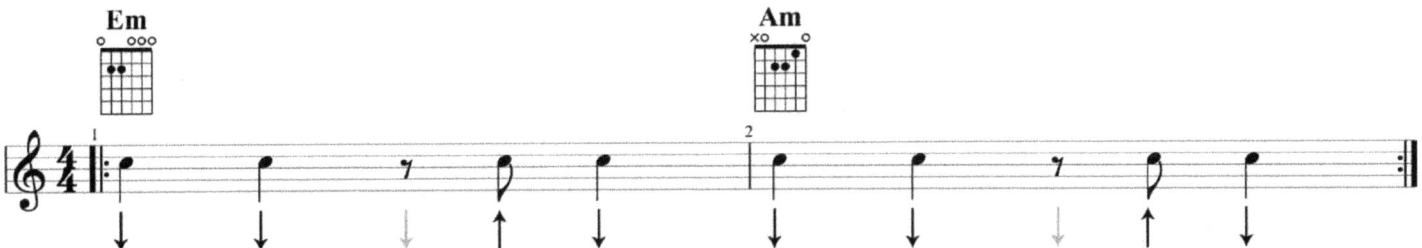

Hier ist ein weiteres Beispiel, um deine Phantasie anzuregen. Verbringe so viel Zeit wie möglich mit dem Ausprobieren von Akkordwechseln und Rhythmen.

Beispiel 9m:

Ab Auf Weg Auf Weg Auf Ab.

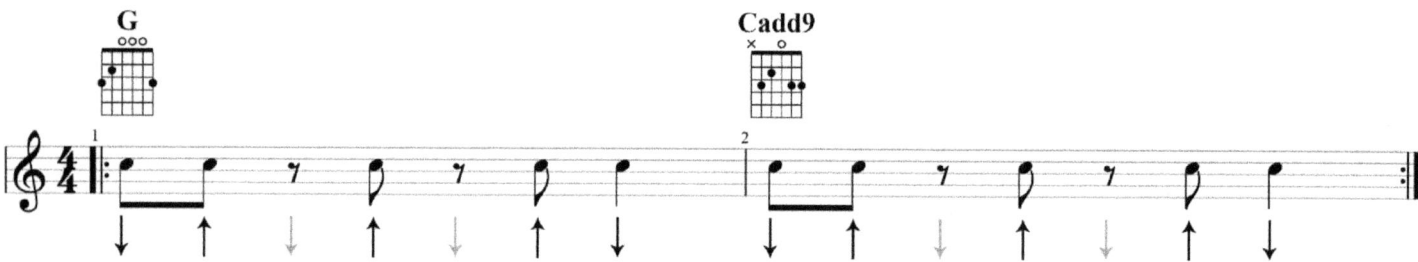

Versuche nun, einige deiner eigenen Rhythmen zusammenzustellen und sie auf einfache Akkordwechsel anzuwenden.

Kapitel Zehn: Slides und Bendings

Sliding ist eine gängige Methode, um zwischen zwei Noten auf der Gitarre zu wechseln. Die Idee ist, dass du eine gegriffene Note auswählst und den Druck auf die Saite mit dem Finger hältst, während du nach oben (oder unten) zur folgenden Tonhöhe gleitest.

Es gibt verschiedene Möglichkeiten, Noten zu sliden, und sie alle erzeugen subtil unterschiedliche Effekte. Alle Slides sind durch eine diagonale Linie gekennzeichnet, aber es gibt verschiedene Möglichkeiten, die verschiedenen Techniken zu unterscheiden.

Der am einfachsten zu spielende Slide ist der *Legato-Slide*.

Um einen Legato-Slide zu spielen, spiele die erste Note und slide zur zweiten, *ohne* die Saite ein zweites Mal anzuspielen. Die Notation für einen Legato-Slide ist eine diagonale (aufsteigende oder absteigende) Linie mit einem Bogen, der über der Linie steht.

Um einen Legato-Slide zu spielen, spiele die erste Note auf und slide dann auf die zweite Note, ohne sie erneut anzuspielen. Die erste Note sollte während ihres vollen rhythmischen Wertes gehalten werden, so dass beide Töne gleichmäßig lang gespielt werden.

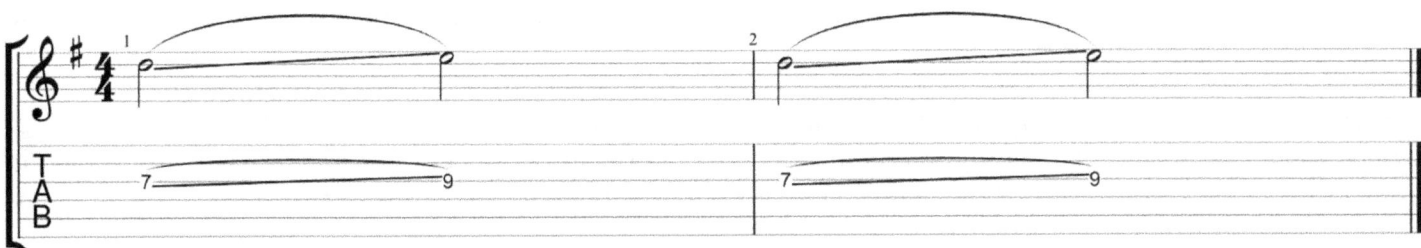

Legato-Slides können auch absteigend gespielt werden.

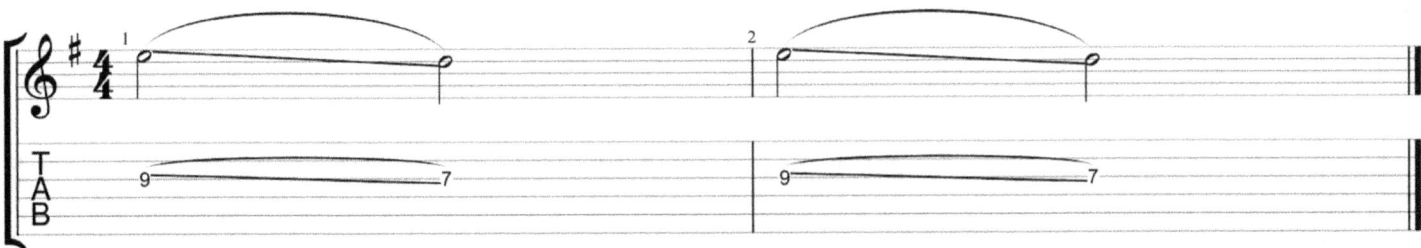

Natürlich ist es möglich, sowohl die zweite als auch die erste Note in dem Slide anzuspielen. Die Tabulatur für diesen Slide ist einfach eine diagonale Linie zwischen den beiden Noten, *ohne* die Bogen-Markierung darüber.

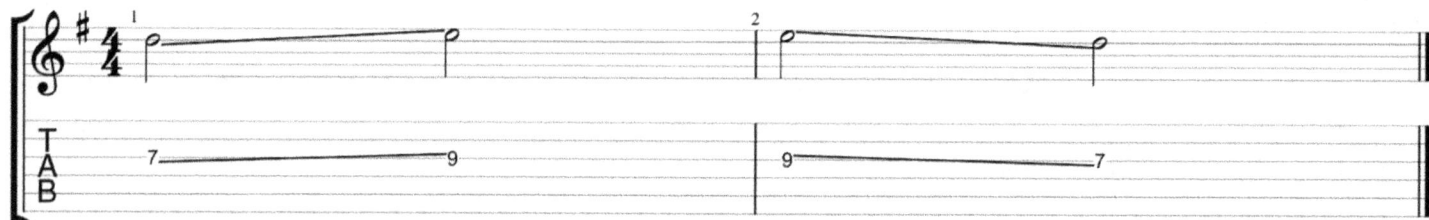

Slide-Übungen

Die Übungen in diesem Kapitel werden dich mit der Verwendung von Slides in deinem Spiel vertraut machen, sowohl für ausdrucksstarke Effekte als auch für nahtlos wechselnde Positionen am Gitarrenhals.

Das erste Beispiel basiert auf dem zentralen Teil der a-Moll-Pentatonik. Leg deinen ersten Finger auf den 5. Bund und spiele die Saite. Halte die Note für einen Schlag und gleite dann bis zum 7. Bund. Stelle sicher, dass du genügend Druck auf die Saite ausübst, damit sie durchgehend klingt. Spiele die Saite erneut, während dein Finger den 5. Bund verlässt.

Bewege deinen Finger nur am Ende des Schlages, damit der gesamte Wert der Note erklingt, und bewege deinen Finger schnell genug, damit du die einzelnen Noten in der Mitte des Slides *nicht* hörst. Es sollte ein glattes *Glissando* vom 5. bis 7. Bund geben. Höre dir das Audio an, wenn du unsicher bist.

Im zweiten Takt kehrst du die Bewegung um, indem du den 7. Bund spielst, dann die Saite erneut anschlägst und zum 5. Bund hinuntergleitest. Die Saite sollte durchgehend klingen.

Wiederhole die Übung mehrmals mit verschiedenen Fingern, bis du sicher bist, dass du einen reibungslosen Slide über eine kurze Strecke spielen kannst.

Beispiel 10a:

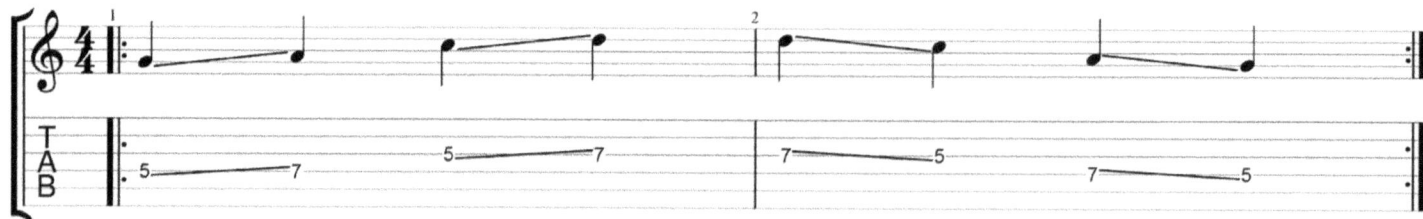

Das nächste Beispiel ist eine Erweiterung der vorherigen Übung und erstreckt sie über einen zehnbündigen Slide. Spiele den zweiten Bund mit dem ersten Finger, halte ihn für drei Schläge, dann spiele ihn an und gleite reibungslos und fest den Hals bis zum 12 Bund hoch. Je langsamer du deine Hand bewegst, desto mehr individuelle Noten wirst du beim Aufsteigen am Hals hören. Wenn du zu langsam machst, klingt das wie wenn du deine Finger über eine Klaviertastatur streichst. Ziele auf ein reibungsloses, schnelles Sliden zwischen den Noten. Wiederhole diese Übung, indem du im zweiten Takt nach unten gehst, und probiere jede Bewegung mit verschiedenen Fingern aus.

Beispiel 10b:

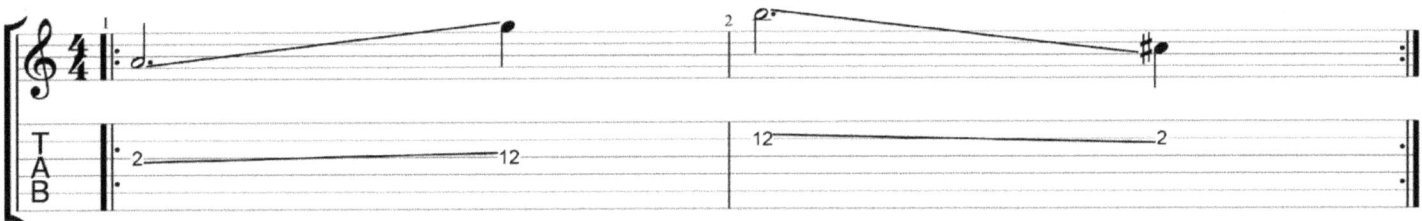

Beispiel 10c zeigt, wie Slides verwendet werden können, um eine Blues-Phrase zum Leben zu erwecken, und stellt ein paar neue Slide-Bewegungen vor. Die erste ist der „Slide aus dem Nichts" und wird durch die kurze diagonale Linie vor der ersten Note dargestellt. Du merkst, dass es keinen Ausgangspunkt für diesen Slide gibt, so dass du experimentieren kannst, indem du aus verschiedenen Entfernungen in den 7. Bund slidest.

Versuche erst einmal, deinen dritten Finger auf den 6. Bund zu legen und fange an, bis zum 7. zu gleiten, *exakt* wenn du die Saite anspielst. Wiederhole die Bewegung vom 5. Bund und versuche dann vom 2. Bund aus zu beginnen. Je weiter du slidest, desto ausgeprägter wird der Effekt sein. Höre das Audio an, um zu verstehen, wie es klingen soll.

Der Slide zwischen dem 7. und 9. Bund ist ein Legato-Slide, so dass du nur den 7. Bund anspielst und zum 9. gleitest *ohne* ihn erneut anzuspielen. Achte darauf, dass du die Note vollständig klingen lässt, da sie ohne das erneute Anspielen leicht verstummt.

Als nächstes probieren wir einen Slide, der den Hals vom 10. bis 13. Bund und zurück wandert. Benutze deinen dritten Finger und wähle den 10. Bund, halte ihn für die 1/8.-Note, dann spiele ihn wieder an und slide auf den 13. Halte den 13. Bund für einen Schlag, dann spiele ihn an und slide zurück zum 10. Nimm deinen ersten Finger auf dem 8. Bund und spiele ihn an und slide dann bis zum 10. zurück.

Wie am Anfang der Linie endet dieser Lick mit einem „Slide *ins* Nichts". Lasse den 10. Bund klingen und slide, ohne ihn noch einmal anzuspielen, deinen Finger in Richtung Kopf der Gitarre. Wenn du deine Finger während des Slides entspannst, „blendet" die Note schön aus.

Beispiel 10c:

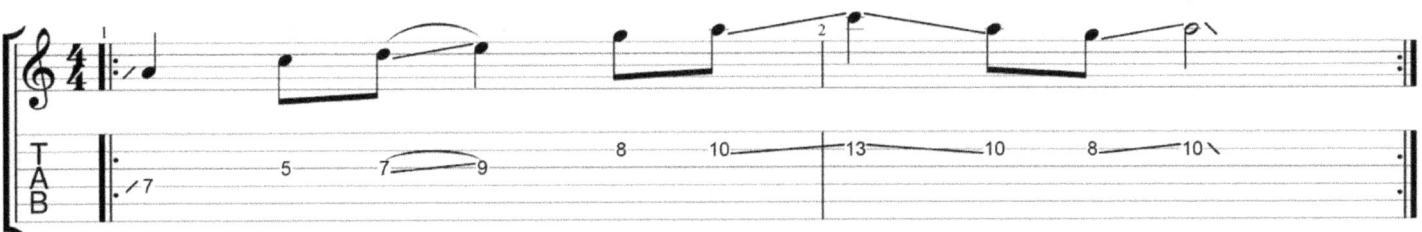

Auf den ersten Blick mag Beispiel 10d wie eine Reihe von angespielten Slides aussehen, aber schau noch einmal genau hin! Wenn es mehrere Legato-Slides gibt (oder Hammer-Ons und Pull-Offs, wie du im nächsten Kapitel sehen wirst), wird der Legato-Bogen über die *gesamte Phrase* geschrieben.

Greife mit dem ersten Finger die erste Note auf dem dritten Bund und spiele die Saite fest an. Gleite bis zum 5., 7. und 8. Bund und so weiter, *ohne* die Saite erneut *anzuspielen*, aber vergiss nicht, jede gegriffene Note für ihren vollen 1/8-Notenwert zu halten. Der Trick dabei ist, eine leicht ruckartige Handgelenksbewegung beim Sliden zu verwenden, da diese der Note etwas Energie verleiht und ihr hilft, zu klingen. Höre dir das Audio an und übe diese Übung mit jedem Finger. Mit ein wenig Übung solltest du in der Lage sein, den Ton auf der kompletten Skala klingen zu lassen.

Beispiel 10d:

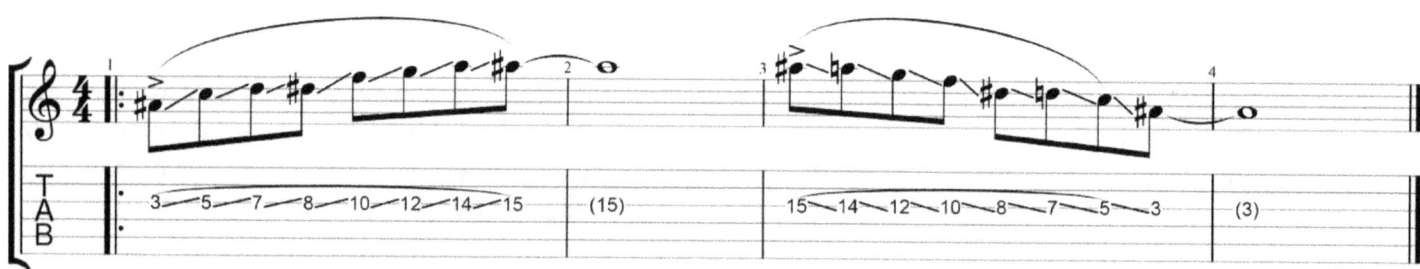

Beispiel 10e ist eine ähnliche Idee wie die vorherige, aber diesmal gleitest du in Terzen durch die Skala. Spiele den dritten Bund, rutsche bis zum 7., bis zum 5., bis zum 8. etc. Dies erfordert eine ziemlich große Ausdauer, um es richtig zu machen, so dass du diese Übung möglicherweise in kurzen Phasen durchführen musst. Denke daran, die leicht ruckartige Handgelenksbewegung zu nutzen, um der Note ein wenig Energie zu verleihen, wenn du am jeweiligen Bund ankommst.

Beispiel 10e:

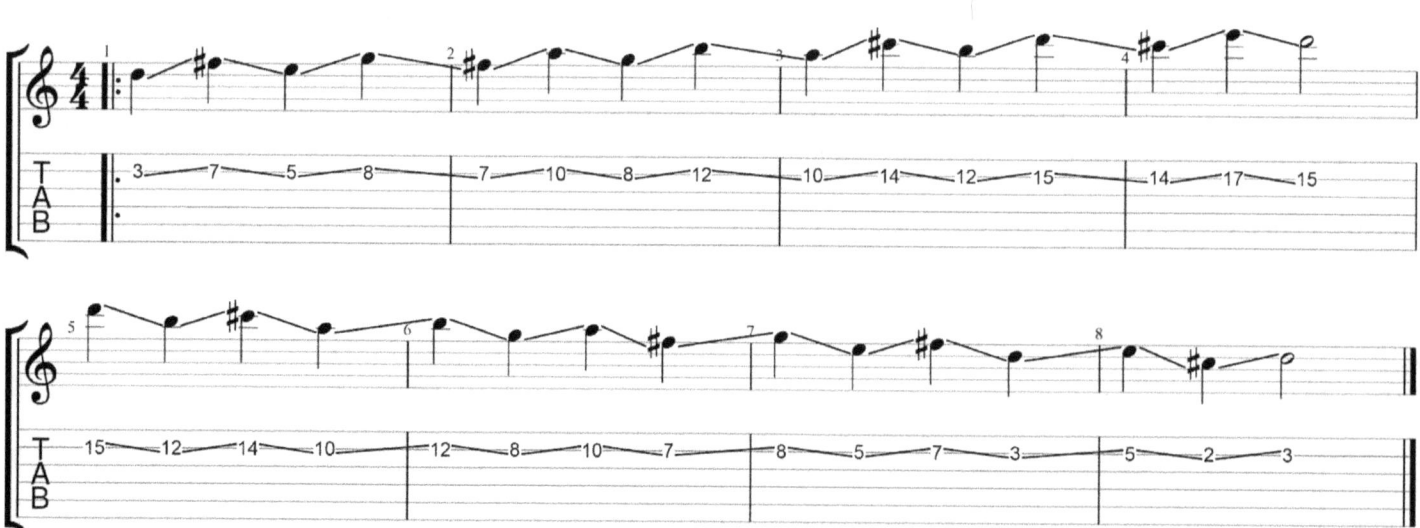

Bending Übungen

Eine der häufigsten und einzigartigsten Techniken, die von Gitarristen verwendet werden, ist das Bending (Saitenziehen). Bending ist eine großartige Möglichkeit, die Tonhöhe übergangslos zwischen einer tiefen und einer höheren Note zu ändern. Um ein Bending auszuführen, musst du die Saite tonal „hochbiegen", indem du sie auf dem Griffbrett nach oben dehnst.

Die Art, wie stark du die Note hochziehst, kann von weniger als einem Halbton bis hin zu zwei oder mehr Tönen reichen. Je weiter du die Saite ziehst, desto höher wird der Ton.

In dem Tab wird Bending durch eine gekrümmte Linie mit einem Pfeil dargestellt. Im folgenden Beispiel wird die Note auf dem 7. Bund der dritten Saite (D) um einen Ton nach oben gebogen, bis sie genau wie die Note auf dem 9. Bund (E) klingt.

Das Wort „full" steht über der Biegung, um anzuzeigen, dass die Note um einen ganzen Ton angehoben werden soll.

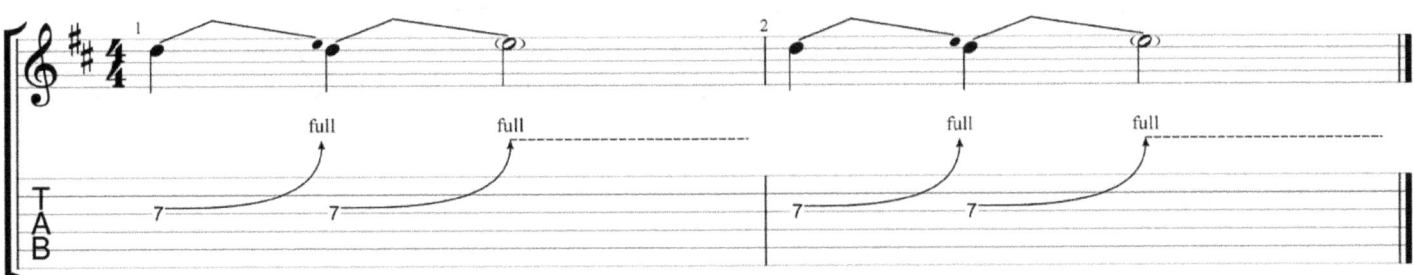

Der einfachste Weg, das Bending zu lernen, ist, die Note mit dem dritten Finger zu greifen und ihn mit dem ersten und zweiten Finger auf der gleichen Saite dahinter zu unterstützen, um zusätzliche Kraft und Kontrolle zu erhalten. Drei Finger auf die Saite zu legen ist viel einfacher als nur einen zu benutzen.

Der Abstand, den du brauchst, um die Note zu benden, ist immer über dem Pfeil angegeben. Der andere übliche Abstand, um eine Note zu benden, ist ein 1/2-Ton (Halbton):

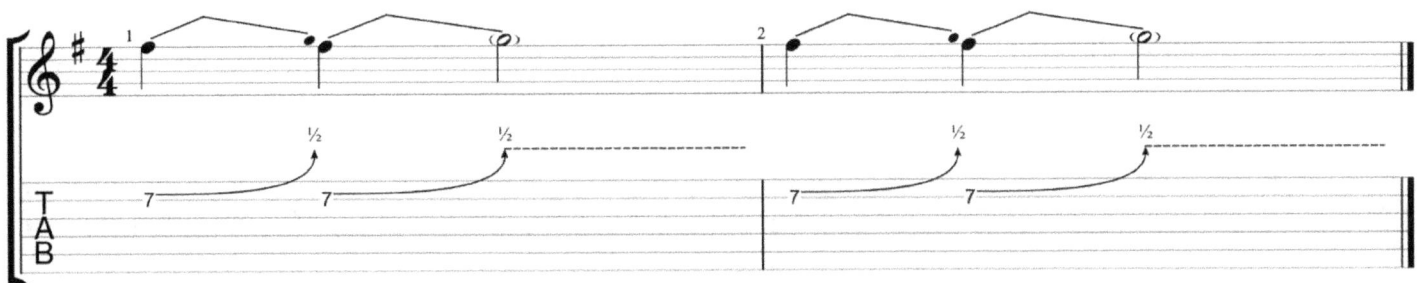

Halbton-Bending ist einfacher als Ganzton-Bending, weil du die Saite nicht so weit benden musst und es am Anfang etwas einfacher für deine Finger ist.

Das Wichtigste, was man beim Bending beachten sollte, ist die *Intonation*. Das bedeutet, dass jedes Bending perfekt abgestimmt sein muss. Es gibt nichts, was einen Amateurspieler schneller verrät als ein schräges Bending. Glücklicherweise sind die folgenden Übungen so konzipiert, dass du lernst, die Saiten jedes Mal perfekt zu benden.

Es ist wichtig zu lernen, mit jedem Finger exakt zu benden, und deine Finger 2, 3 und 4 sollten alle in der Lage sein, ein Ganzton-Bending durchzuführen.

Um eine Note auf der Gitarre zu benden, musst du den bendenden Finger immer mit den darunter liegenden, freien Fingern unterstützen. Mit anderen Worten, wenn du eine Note auf der dritten Saite im 7. Bund mit dem dritten Finger ziehst, sollte dein zweiter Finger (wenn nicht auch dein erster) ebenfalls auf der Saite liegen, um Kraft und Kontrolle zu unterstützen.

Die Idee hinter dem folgenden ist, eine Referenznote zu spielen, dann auf der Saite ein paar Bünde nach unten zu gehen, um sie dort perfekt bis zur Referenznote zu benden. Behandle dies als ein Beispiel zur Gehörschulung: Du achtest darauf, dass die gezogene Note genau wie die Referenztonhöhe klingt.

Versuche die folgenden drei Beispiele mit unterschiedlichen Fingern bei jedem Bending. Gehe jede Zeile viermal durch. Zuerst mit dem ersten Finger benden, dann mit dem zweiten usw. Mache dir keine Sorgen darüber, mit dem 1. Finger anderthalb Töne benden zu müssen – es ist unnötig, jetzt schon diese Art von Kraft zu entwickeln.

Beispiel 10f: Halbton-Bending

Beispiel 10g: Ganzton-Bending

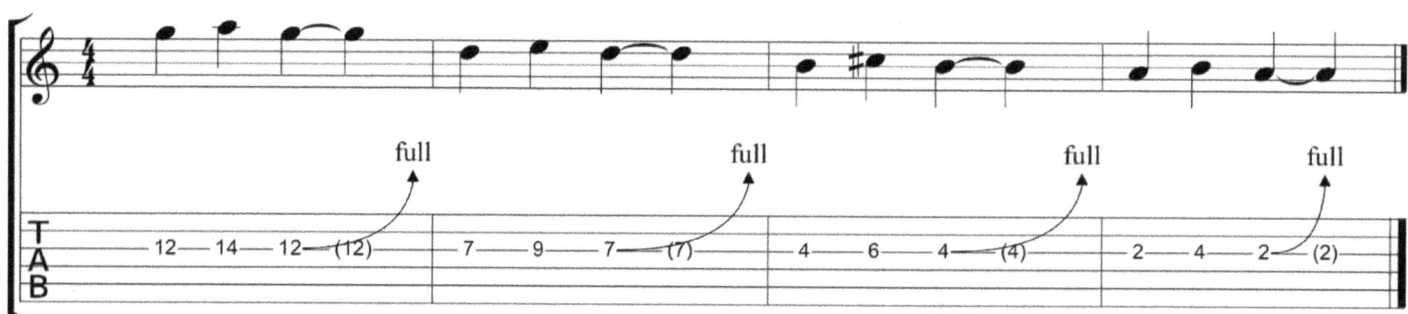

Ein Pre-bending ist im Wesentlichen ein Bending in umgekehrter Richtung. Du biegst die Note auf die gewünschte Tonhöhe, bevor du sie anspielst und dann loslässt. Pre-Bending wird so notiert:

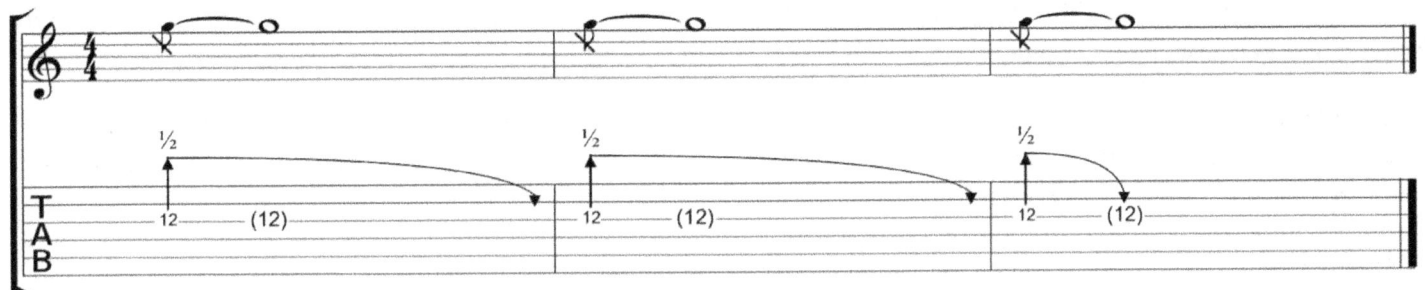

Um diese ausdrucksstarke Technik zu üben, wiederhole die beiden vorherigen Übungen und modifiziere sie wie folgt, um das Pre-Bending einzubinden.

Beispiel 10h: Halbton-Bending

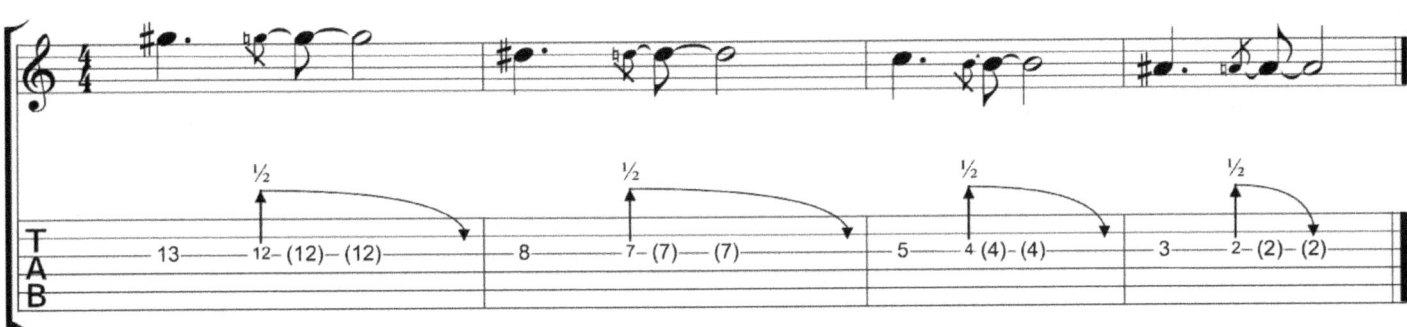

Unisono-Bending entsteht, wenn du zwei Töne zusammen auf benachbarten Saiten spielst. Die höhere Note wird normalerweise nicht gezogen, während die tiefere Note so gebendet wird, dass sie am Ende dentisch mit der höheren klingt. Jimi Hendrix und Jimmy Page haben beide diese Technik sehr gut genutzt.

Dieses Bending ist bei einem Floyd Rose Tremolo recht schwierig auszuführen und wird aufgrund der Beschaffenheit des Mechanismus immer leicht verstimmt sein, aber mit etwas Vibrato können Intonationsfehler leicht kaschiert werden.

Verwende deinen ersten und dritten Finger, um dieses Unisono-Bending zu spielen.

Beispiel 10i: Unisono-Bending

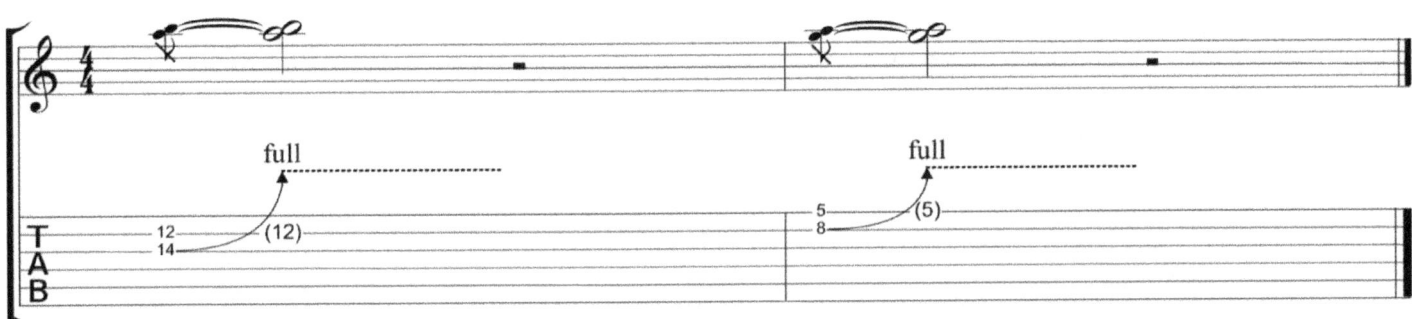

Ein *Doppelgriff* ist einfach der Akt, zwei Noten gleichzeitig zu spielen. Ein Doppelgriff-Bending ist, wenn du beide Töne bendest. Dies ist eine gängige Technik im Blues- und Rockgitarrenspiel.

Um ein Doppelgriff-Bending zu spielen, lege deine Finger flach hin, während dein Fingernagel auf dich zeigt. Greife mit dem Finger über zwei benachbarte Saiten. Um die Noten zu benden, drehe dein Handgelenk, um beide Saiten nach unten zu benden.

Beispiel 10j:

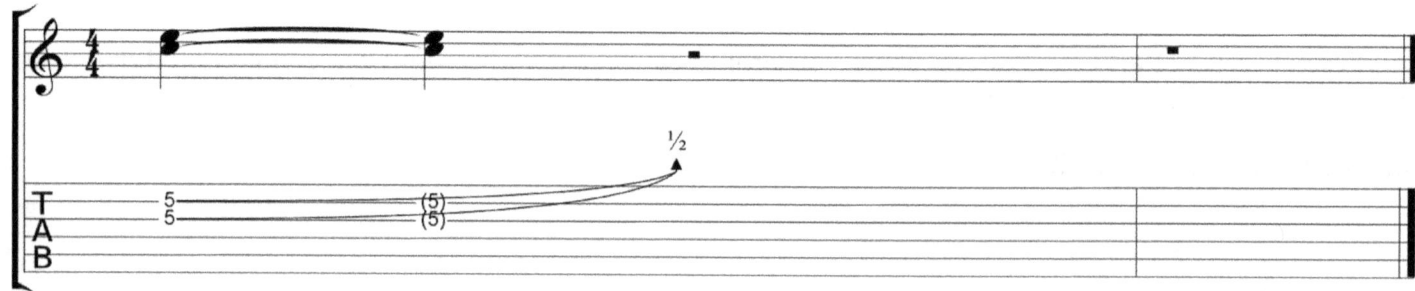

Probier das mal über den ganzen Hals.

Kapitel Elf: Hammer-Ons- und Pull-Offs

Ein Hammer-On wird durchgeführt, indem man eine Note spielt und dann mit dem Finger auf eine Note auf der gleichen Saite „hämmert", die höher in der Tonhöhe ist. Das Zeichen für einen Hammer-On ist eine kurze, geschwungene Linie, die als *Bindebogen* zwischen den tiefen und höheren Tonhöhen bezeichnet wird. Du wirst manchmal die Anmerkung „H/O" über der Linie sehen, aber nicht immer, oft musst du auf die Markierungen im Tab achten.

Um den folgenden Hammer-On durchzuführen, spiele mit dem ersten Finger den 7. Bund auf der dritten Saite. Spiele die Note normal und schlage deinen *dritten* Finger auf den 9. Bund, *ohne* die Saite erneut zu *spielen*. Das Geheimnis ist, mit der Fingerspitze zu hämmern, nicht mit dem weichen Teil. Lass die zweite Note klingen.

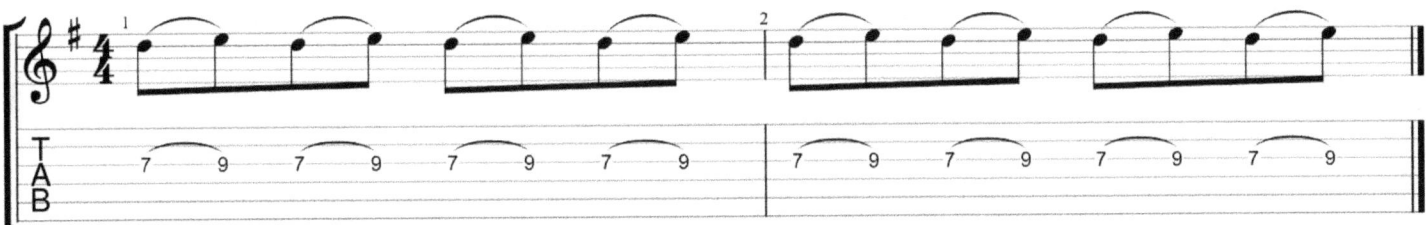

Hammer-On-Übungen

Die Beispiele in diesem Abschnitt werden schnell Kraft und Ausdauer in deiner Griffhand entwickeln und dir beibringen, geschmeidig-fließende Legato-Linien mit Leichtigkeit zu spielen.

Das erste Beispiel spiegelt die Ideen aus Kapitel Zwei, aber diesmal wirst du nur die erste Note in jeder Gruppe von vier spielen. Spiele die aufsteigende Sequenz zweimal auf jeder Saite mit der "Ein-Finger-pro-Bund"-Regel. Das Ziel ist es, die erste Note normal anzuschlagen und dann mit den nachfolgenden Fingern Hammer-Ons zu spielen, wobei die Lautstärke jeder Note gleich der Angeschlagenen bleiben sollte. Du wirst feststellen, dass die Lautstärke nachlässt, wenn du mit den schwächeren Fingern hämmerst, also hab keine Angst davor, es anfangs etwas zu übertreiben, um die Bewegung zu erlernen. Ziele auf Kraft und Volumen, bevor du an deiner Kontrolle arbeitest.

Beispiel 11a:

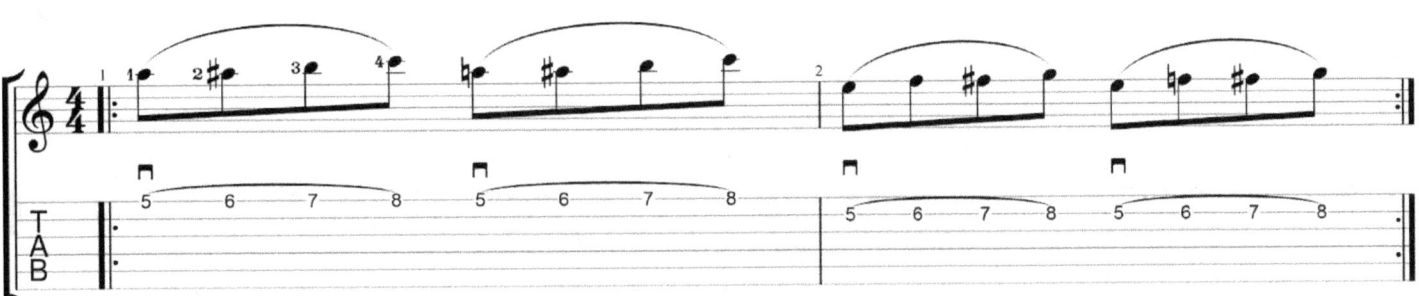

Die nächste Übung erklimmt die *chromatische Skala* auf der Gitarre. Deine Handposition muss bei jedem Saitenwechsel einen Bund nach unten korrigiert werden. Das Schwierige bei dieser Übung besteht darin, dass deine Greifhand zu Beginn über den Gitarrenhals gestreckt ist. Dadurch werden die Finger abgeflacht und die Sehnen in der Hand etwas belastet, was die Hammer-Ons etwas anstrengender macht. Versuche, eine leichte Kurve in den Fingern zu halten und spiele nur die erste Note auf jeder Saite.

Beispiel 11b:

Ok, bist du bereit für eine Herausforderung? Diese Übung war der Beginn einer Sequenz, die mir von meinem alten Lehrer Shaun Baxter beigebracht wurde. Die Idee ist ein sich wiederholendes Hammer-On-Muster auf dem 5. und 7. Bund der fünften Saite, das sich mit einem Hammer-On-Muster auf dem 6. und 8. Bund abwechselt, welches sich über die drei tiefsten Saiten bewegt.

Halte deinen ersten Finger während der gesamten Übung auf den 5. Bund gedrückt.

Benutze deinen ersten Finger und spiele die Note auf dem 5. Bund. Nun ein Hammer-On auf den 7. Bund mit dem dritten Finger.

Benutze deinen zweiten Finger und spiele den 6. Bund. Hammer-On auf den 8. Bund mit dem kleinen Finger. (Ja, das ist hart, was?!)

Wiederhole den 5. - 7. Hammer-On auf der fünften Saite und spiele dann den 6. - 8. Bund noch einmal, diesmal aber auf der sechsten Saite. Wiederhole den Vorgang, indem du die 6. - 8. Bundbewegung zurück zur fünften und dann zur vierten Saite bewegst.

Du wirst feststellen, dass deine Finger ziemlich schnell müde werden, also übe dies nicht länger als eine Minute am Tag.

Beispiel 11c:

Die nächste Übung entwickelt Kraft und Kontrolle mit dem dritten und vierten Finger. Diese beiden Finger sind immer schwächer und benötigen etwas Arbeit, um sie auf das Niveau des ersten und zweiten zu bringen.

Verwende die "Ein-Finger-pro-Bund"-Regel, um die folgende Übung zu spielen und achte darauf, wo die Anschläge bei jedem Schlag stattfinden. Wie gesagt, ziele auf Kraft und Volumen, bevor du dich auf Genauigkeit konzentrierst, aber versuche, den Hammer-On mit der Spitze jedes Fingers zu treffen.

Beispiel 11d:

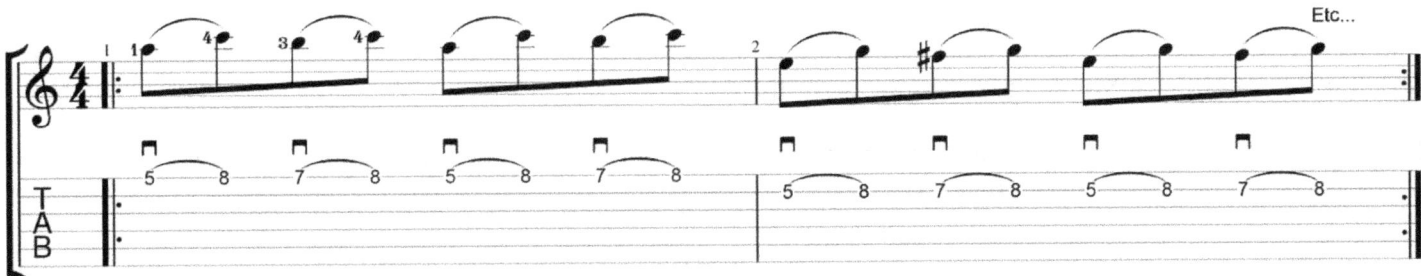

Es ist möglich, sehr schnell auf der Gitarre mit Legato-Techniken zu spielen, da unsere Picking-Hand viel weniger Arbeit zu leisten hat, also lasst uns zu einigen Hammer-On-Patterns übergehen, die dein Drei-Noten-pro-Saite-Skalenspiel entwickeln und schauen, wie das in der Praxis funktioniert.

Diese Übung teilt die A-Dur-Skala in saitenweise Abschnitte und behandelt die drei häufigsten Griffmuster der Gitarre. Die Idee ist, die drei Noten auf jeder Saite mit Hammer-Ons zu spielen, um dann auf der ersten Note des Musters zu enden. Dies ist eine wunderbare Übung, um Geschwindigkeit aufzubauen. Ich könnte sogar behaupten, dass dies eine der wenigen Übungen ist, bei denen es in Ordnung ist, Geschwindigkeit über rhythmische Genauigkeit zu stellen – *am Anfang!* Sieh einfach, wie schnell du die Dreisatzsegmente spielen kannst, bevor du zur ersten Note zurückkehrst.

Arbeite dich allmählich durch die Tonleiter durch und den Gitarrenhals hoch und du wirst eine wichtige Möglichkeit entdecken, die Dur-Tonleiter zu spielen. Isoliere die Noten auf jeder Saite und übe sie als einzelne Übungen, um diese wesentlichen Muster zu beherrschen.

Achte wie immer auf die Fingerangaben in der Notation und spiele mit einem Metronom, wenn du bereit bist, deine rhythmische Genauigkeit aufzubauen.

Beispiel 11e:

Pull-Off-Übungen

Es ist wahrscheinlich keine Überraschung, aber ein Pull-Off ist genau das Gegenteil von einem Hammer-On. Du spielst eine Note aus und ziehst deinen Finger ab, um eine tiefere Note zu erzeugen.

Ein Pull-Off wird wiederum durch eine geschwungene Linie über einer Note dargestellt und sieht genauso aus wie ein Hammer-On. Manchmal sieht man die Buchstaben „P/O" über den Noten, aber wenn das nicht vorhanden ist, muss man sich die Tonhöhen selbst ansehen, um zu sehen, ob die Musik einen Hammer-On oder Pull-Off erfordert.

Wenn die Tonhöhe der Noten steigt, spiele einen Hammer-On.

Wenn die Tonhöhe der Noten sinkt, spiele einen Pull-Off.

In der folgenden Abbildung legst du deinen dritten Finger auf den 9. Bund der dritten Saite *und* deinen ersten Finger auf den 7. Bund der gleichen Saite.

Spiele die Note im 9. Bund und ziehe den dritten Finger ab (nach unten, zum Boden hin), um die Note auf dem 7. Bund erklingen zu lassen, ohne die Saite erneut zu spielen. Dein dritter Finger sollte als „Mini-Pick" auf deiner greifenden Hand fungieren, und du musst darauf achten, dass du die zweite Saite nicht erwischst, während du den Pull-Off Richtung Boden ausführst.

Lasse die Note im 7. Bund sauber erklingen.

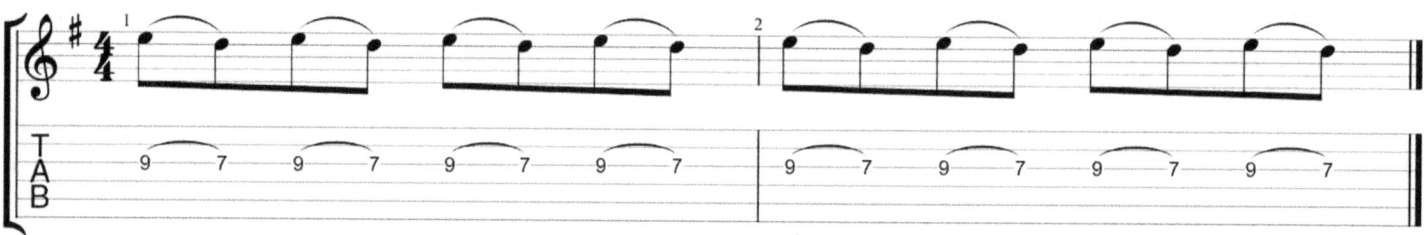

Die erste Übung ist ein absteigender chromatischer Satz, der deine Kontrolle und dein Tonvolumen erhöht. Lege *alle* vier Finger auf jeden Bund, bevor du etwas spielst.

Spiele den 8. Bund und ziehe deinen vierten Finger von der Saite und nach unten Richtung Boden. Wiederhole diese Bewegung mit dem dritten und zweiten Finger, um mit dem ersten Finger auf dem 5. Bund zu enden. Achte auf deinen Rhythmus und deine Lautstärke; jeder Pull-Off sollte so laut sein wie die gewählte Note und in einheitlichen 1/8-Tönen gespielt werden.

Spiele zusammen mit dem Audiobeispiel, denn es passiert sehr schnell, dass man Pull-Offs zu gehetzt treibt und neben dem Takt spielt. Das Wichtigste von allem ist, dass deine Finger die benachbarte Saite nicht berühren, während du deinen Finger abziehst, sonst bekommst du viele unerwünschte Nebentöne. Versuche, diese Beispiele durch einen Verstärker mit etwas Overdrive zu spielen, damit du alle Fehler besser hören kannst.

Beispiel 11f:

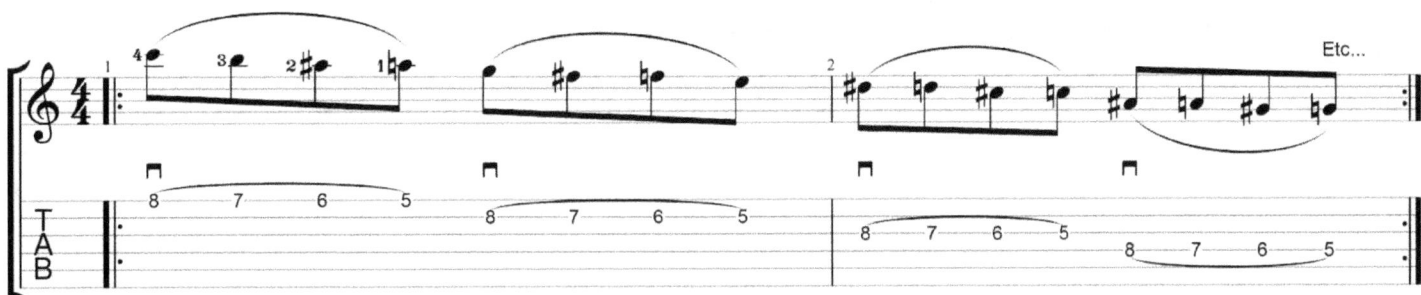

Beispiel 11g entwickelt Kraft und Spielfluss mit schnelleren Pull-Offs, indem es dich zwingt, die Finger in jedem Bund zu wechseln. Es ist wichtig, dass du aufmerksam zuhörst und dich dem Rhythmus des Audiobeispiels anpasst. Die Triolen werden gern getrieben, wenn man Pull-Offs spielt, also achte darauf, im Takt zu bleiben.

Verwende die "Ein-Finger-pro-Bund"-Regel, um das Beispiel zu spielen, mit dem dritten Finger im 7. Bund im ersten Takt und dem zweiten Finger, um den 6. in Takt zwei zu spielen.

Beispiel 11g:

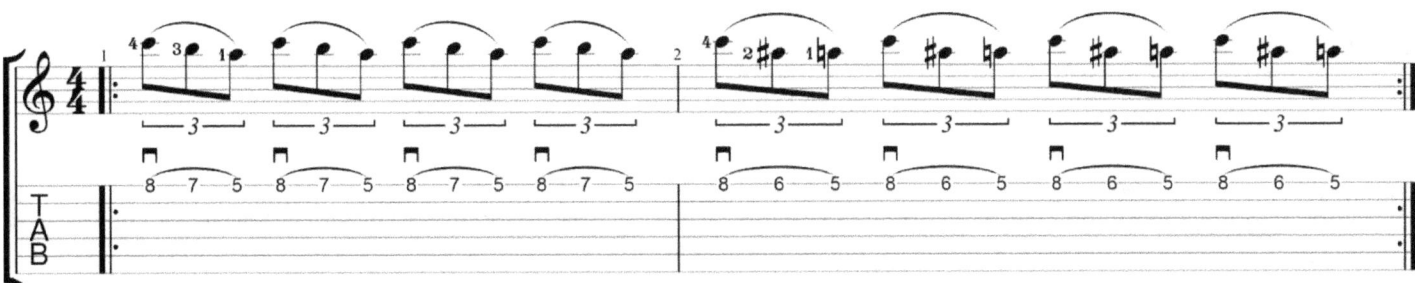

Kombinieren wir nun diese Legato-Pull-Offs mit ein paar Picks. Wie beim Economy-Picking-Konzept in Kapitel drei werden die Anschläge jedes Mal durchgeführt, wenn du die Saiten wechselst. Die Melodie der Linie ist ein absteigendes viertöniges Muster, das du schon einmal gesehen hast, aber hier fallen die Anschläge auf ungewöhnlichen Stellen, um einen interessanten Akzent zu setzen.

Wie ich bereits sagte, geht es bei diesen Übungen darum, im Takt zu bleiben, aber im Moment möchte ich, dass du dich auf das *Volumen* des Pull-Offs konzentrierst, bevor du dich auf den Rhythmus konzentrierst. Die Wahrheit ist, dass schwache Pull-Offs schrecklich klingen, so dass der Aufbau der Fingerstärke Priorität hat. Wenn du die Pull-Offs mit der gleichen Kraft wie die gespielten Noten spielen kannst, beginne, dich vorsichtig auf deinen Rhythmus zu konzentrieren.

Beispiel 11h:

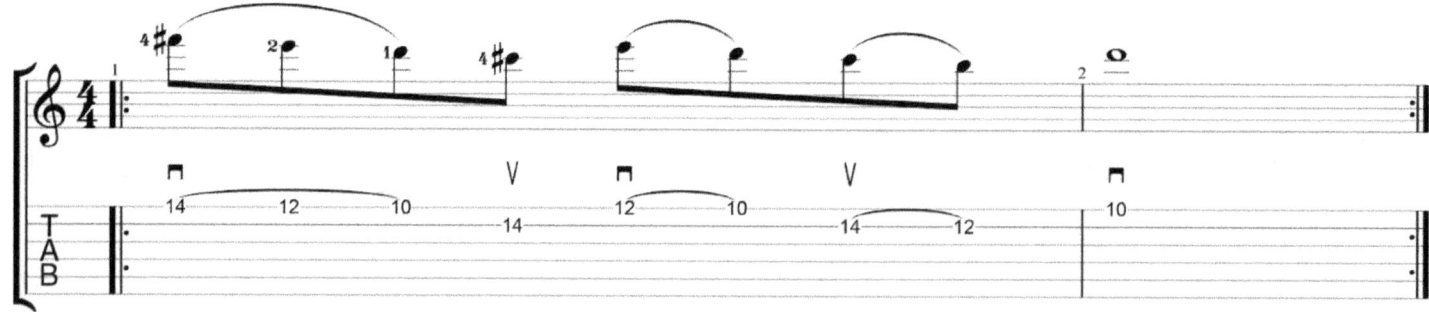

Bisher wurden alle Pull-Off-Bewegungen, die wir studiert haben, auf angespielten Noten gespielt, aber es ist wichtig zu lernen, wie man auf leere Saiten abzieht. Es fühlt sich ganz anders an und unerwünschte Geräusche können sich durch die unterschiedlichen Spannungen und größeren Saitenvibrationen am unteren Ende des Halses leicht einschleichen.

Beispiel 11i ist um ein absteigendes Muster herum aufgebaut, wobei die e-Moll-Pentatonik auf den offenen Saiten der Gitarre verwendet wird. Wähle jede gespielte Note und ziehe deine Finger nach unten in Richtung Boden, um die offene Saite zu spielen. Allerdings musst du hier genau sein, denn es passiert sehr schnell, eine benachbarte Saite mit dem Finger zu treffen, während du die Pull-Off-Bewegung ausführst. Versuche, dich leicht in die Saite zu graben und bewege den Finger diagonal von der Saite, so dass er die Saite darüber nicht erwischt.

Beispiel 11i:

Ähnlich wie bei Beispiel 11e entwickelt die letzte Übung in diesem Kapitel deine Pull-Off-Fähigkeiten mit den drei gebräuchlichsten Formen, um Melodien am Hals zu spielen. Spiele die erste und letzte Note auf jeder Saite (wobei du bei der letzten ein Hammer-On spielen kannst, wenn du es dir zutraust) und konzentriere dich darauf, eine laute Triole im richtigen Timing zu spielen.

Das Muster auf den beiden hohen Saiten wird mit dem ersten, dritten und vierten Finger gespielt.

Die mittleren Saiten werden von dem ersten, zweiten und vierten Finger gespielt.

Die tiefsten Saiten werden von dem ersten, zweiten und vierten Finger gespielt.

Wie bei den Hammer-Ons ist es auch hier so, dass, je weiter man über den Gitarrenhals greift, um so schwieriger die Übung wird. Also versuche, eine leichte Kurve in den Fingern zu haben und mit deinen Fingerspitzen zu spielen. Isoliere die Muster auf jeder Saite und bearbeite sie einzeln, um sicherzustellen, dass du nicht versehentlich auf benachbarte Saiten triffst, während du abziehst.

Beispiel 11j:

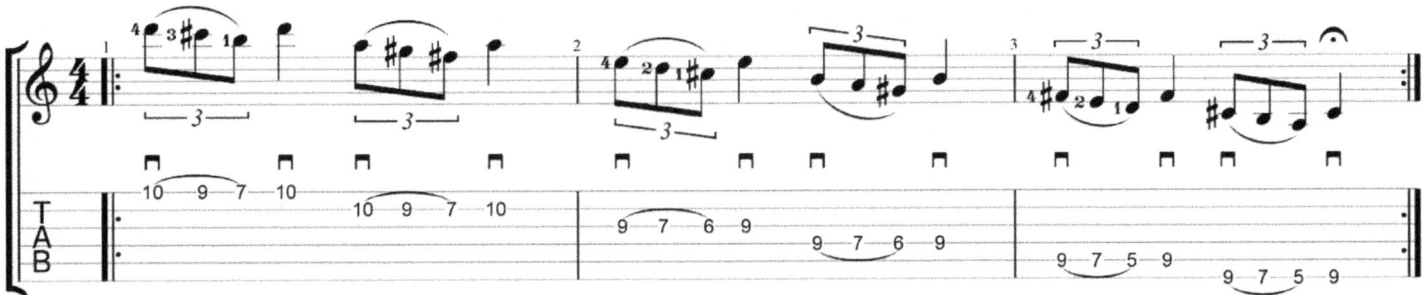

Die Übungen in diesem Kapitel bereiten dich auf alle Muster oder Formen vor, auf die du stoßen wirst, und du kannst die Prinzipien in diesen Beispielen in jedem Kontext anwenden, um deinen eigenen Satz an Finger-Trainings zu erstellen. Denke daran, dass Volumen, Klarheit und Rhythmus die Ziele bei jeder Art von Legato-Übung sind. Arbeite immer in kleinen Instanzen und beschleunige schrittweise mit einem Metronom.

Zusammenfassung

Nun, wir haben es geschafft! Wenn du dieses Buch durchgearbeitet hast, solltest du auf dem besten Weg sein, eine großartige Technik zu entwickeln und ein starkes Fundament in den Grundlagen des Solospiels auf der Gitarre zu haben. Der Schlüssel liegt jetzt beim gesunden Üben und der Stärkung der guten Gewohnheiten, die du aufbaust.

Wie ich bereits im Buch mehrfach erwähnt habe, sollten diese Art von technischen Übungen nicht wirklich viel mehr als 1/3 einer Trainingseinheit ausmachen, und als Anfänger solltest du immer den Schwerpunkt auf das Erlernen richtiger Songs und das Musizieren dem Aufbau von Technik vorziehen. Während du als Gitarrist fortschreitest, wirst du feststellen, dass es Zeiten in deiner Entwicklung gibt, in denen du in die Technik eintauchen möchtest, aber im Moment ist das Erlernen von Songs und Soli der beste Weg, deine Fähigkeiten zu verbessern. Wenn du beim Erlernen eines Songs auf eine technische Blockade stößt, ist es an der Zeit, gezielt zu üben, um die Technik zu verbessern, die möglicherweise fehlt.

Während du Fortschritte machst, gibt es einige Bücher, die dir vielleicht weiterhelfen. Mit aufsteigendem Schwierigkeitsgrad schlage ich folgende vor:

- Gitarren-Finger-Gym

- Moderne Technik für E-Gitarre

Und für die wirklich ambitionierten Schredgitarristen unter euch,

- Neoklassische Geschwindigkeitsstrategien für Gitarre

Alle diese Bücher von Fundamental Changes werden dein Können auf der Gitarre erheblich steigern und dir helfen, schwierige Solopassagen besser zu bewältigen.

Es ist immer nützlich, ein wenig Blues zu spielen, denn er ist eine universelle Sprache der Musik. Schaue dir meine Buchreihe „Blues-Gitarre – The Complete Guide" an, um in dieses wichtige Genre einzutauchen.

Verbringe vor allem deine Übungszeit damit, die Musik zu lernen, die du liebst, sei es ein dreistimmiger Popsong oder eine verrückte Jazzfusion. Es gibt so viel Freude in der Musik zu entdecken, dass es eine Schande wäre, sein Leben mit Übungen zu verschwenden. Die Übungen kommen nur dann zum Einsatz, wenn das Spielen der Musik, die du liebst, etwas über deine derzeitigen Fähigkeiten hinausgeht.

Also, worauf wartest du noch? Nimm deine Gitarre und leg los!

Viel Spaß dabei!

Joseph!

P.S. Rezensionen sind wie Goldstaub für Schriftsteller. Wenn dir dieses Buch gefällt, hilf uns bitte, es in die Welt zu tragen und hinterlasse eine Rezension bei Amazon. Denke nur an all die liebevoll gestalteten und notierten Beispiele.... all die sorgfältig aufgenommenen Audiodateien und die sorgfältig formulierten Erklärungen... Das ist sicherlich zwei Minuten deiner Zeit wert, um anderen Menschen zu helfen, eine gute Wahl für ihre musikalische Ausbildung zu treffen!

Danke J

www.ingramcontent.com/pod-product-compliance
Lightning Source LLC
LaVergne TN
LVHW061254060426
835507LV00020B/2322